NAPOLEÓN

NAPOLEÓN

Vida, consquistas, aportaciones y ocaso

INVESTIGACIÓN Y REDACCIÓN:
Marco Antonio Gómez Pérez

Grupo Editorial Tomo, S.A. de C.V.
Nicolás San Juan 1043
03100 México, D.F.

1a. edición, octubre 2002.
2a. edición, octubre 2003.

© Grupo Editorial Tomo, S.A. de C.V.
Napoleón

© 2003, Grupo Editorial Tomo, S.A. de C.V.
Nicolás San Juan 1043, Col. Del Valle
03100 México, D.F.
Tels. 5575-6615, 5575-8701 y 5575-0186
Fax. 5575-6695
http://www.grupotomo.com.mx
ISBN: 970-666-547-1
Miembro de la Cámara Nacional
de la Industria Editorial No 2961

Proyecto: Marco A. Gómez
Diseño de Portada: Emigdio Guevara
Formación Tipográfica: Servicios Editoriales Aguirre, S.C.
Supervisor de producción: Leonardo Figueroa

Impreso en México - *Printed in Mexico*

CONTENIDO

Introducción

Napoleón Bonaparte, un hombre y un nombre que no sólo llenó la parte de historia correspondiente a su periodo de vida, que inicia en 1769 y finaliza en 1821 a los escasos 52 años, sino que supo sobresalir por sus enormes dotes guerreras, estratégicas, democráticas, administrativas, institucionales, republicanas, legislativas, culturales, educativas, disciplinarias, judiciales, literarias, amistosas, familiares, diplomáticas, religiosas, de pensamiento y un etcétera tan largo como su fama y obras.

Desde luego que fue un humano con muchos defectos ya que era impositivo, manipulador, adulador, egocéntrico, controlador, intolerante, convenenciero, iracundo, desconfiado, ambicioso, nepótico y otro largo etcétera. Pero supo conjuntar virtudes con vicios para darle a su persona y obra dimensiones todavía no comprendidas por los historiadores modernos ni mucho menos por la gente común, quienes sólo saben de Napoleón la parte bélica, la militar, sin tomar en cuenta sus muchas aportaciones para la creación del concepto de República, de los tres poderes para tener un gobierno democrático como lo son el Ejecutivo, Legislativo y Judicial, ¿suena muy familiar verdad?

Pues así fue el Emperador Bonaparte; tal vez sólo se han querido exaltar sus logros en las guerras, los cuales costaron la vida a muchos miles de soldados europeos y de otros continentes, para no tener que adentrarse en esa parte donde se destaca su genio como pacificador, aunque sus logros se basen casi siempre en las armas, ya sea las utilizadas o como amenaza para obtener lo que su mente le dictara.

Sin embargo, a través de sus muchos escritos, (que llegan a 50 volúmenes) y cartas, cientos, miles de ellas, escritas por el puño del general corso o dictadas a alguno de sus tres secretarios: Bourrienne, Méneval y Fain, se escriben las "Memorias" de todo el acontecer alrededor de Napoleón.

Se calcula que llega a escribir entre ¡54,000 a 70,000 cartas!, es decir, cuando menos ¡diez por día!, durante los quince años en que ocupó el poder y mucha de esta importante labor se debe a Napoleón Tercero, quien lleva a cabo una intensa y desgastante labor de recopilación epistolar de su tío, ya que fue hijo de Luis Bonaparte.

Desde luego que, conociendo el carácter manipulador de Napoleón, muchos historiadores aseguran que no se puede conocer al ilustre emperador francés por su correspondencia, pero se necesita ser un necio y hasta un tonto como para creer que esto es verdad, pues se puede conocer a alguien por lo que dice, hace, piensa, y en este caso, escribe, y hasta por lo que no dice, ya que lo mismo redacta cartas y memorándums. Exigiendo alguna acción, que utiliza palabras excesivamente amorosas, sobre todo cuando se refiere a sus esposas, Josefina y María Luisa, a su hijo "El Rey de Roma" o a sus padres y hermanos; por lo tanto, sí es posible saber cómo es alguien a través de sus comunicados, ya sean sinceros o manipulados.

Otro asunto que destaca en la vida del gran corso, es que muchas de sus palabras son utilizadas actualmente por cientos de legisladores de diversos países, sobre todo latinoamericanos, dando a entender que entre sus libros de cabecera (los pocos que tienen la costumbre de leer) están varias biografías y obras de Napoleón Bonaparte.

Así es que, prepárate a leer sobre la vida de un Gran Iniciado como lo fue Napoleón Bonaparte, porque éste es el hombre y el mito y ésta... es su historia.

1

Infancia y adolescencia de Napoleón

En los últimos días de Napoleón Bonaparte (Bouna-parte), éste considera que su infancia es indigna de su linaje y biasones, y lo que menos quiere, es que se haga pública, lo cual ocasiona mucho de especulación y poco de verdad en los escasos datos que existen sobre la niñez del futuro emperador de Francia.

Carlo Bonaparte y Letizia Ramolino (quien, en el apogeo su hijo se haría llamar Madame Mére y de quien el mismo Napoleón diría alguna vez, refiriéndose a su firmeza de carácter y fortaleza de espíritu: "Es una mujer de la antigüedad"), son un matrimonio de linaje dentro de la sociedad francesa, pero venido a menos que vive si no en la pobreza sí con muchas carencias. Este matrimonio ya tiene un hijo, José, a quien el padre ya ha destinado a la carrera eclesiástica; sin embargo, al enterarse del embarazo de su esposa de su segundo vástago, y aún sin esperar a saber si será hombre o mujer, él ya tiene definida la carrera que deberá seguir: la de las armas, porque está seguro que será varón.

Antes de nacer este segundo descendiente del matrimonio Buonaparte, la isla de Córcega está librando serias batallas por su independencia, sin lograrlo, ya que el 8 de mayo de 1768 pierden la batalla decisiva en Pontenuovo y los genoveses se quedan con la isla, lo cual lleva a su ídolo y líder, Pasquale Paoli, a huir hacia Londres para no ser apresado y muerto. Al salir éste, el territorio es cedido a los franceses.

Carlo sabe que lo mejor es quedar bien con los nuevos soberanos, y gracias a un título raro denominado "Diputado de la Nobleza" consigue entrar en las esferas militares galas, empezando así a tejer la red para que su segundo hijo no tenga problemas para ingresar a alguna escuela militar y además, él pueda ejercer su nueva profesión: la abogacía; y debido más bien a su buenas dotes "para adaptarse" a esta nueva etapa, logrará que sus dos primeros hijos sean "becados o pensionados" del rey Luis XVI.

Antes de que pasara un año, el 15 de agosto de 1769, día de la Asunción de María, doña Letizia siente los dolores del parto y quiere regresar a su casa de Ajaccio, Córcega, para ser atendida por un doctor o una partera, y apenas tiene tiempo de llegar pues a los pocos minutos nace el segundo vástago del matrimonio Bounaparte. Así se cumple la primera parte de lo previsto por el padre de la criatura de que sea varón; la segunda, la de ser militar, se cumplirá también ¡y en qué forma!

El corso Napoleón diría muchos años después, respecto de su nacimiento: "Nací cuando moría mi patria... El grito angustiado de los moribundos, los lamentos de los oprimidos, las lágrimas y desesperación mecieron mi cuna".

Este nuevo ser recibe el nombre de Napoleone. Su padre trabaja ahora como fiscal y juez, e ingresa en la aristocracia francesa con el título de Conde. Gracias a la influencia de su progenitor, la formación de Napoleón en Brienne y en la Escuela Militar de París está subvencionada por el rey francés.

Su ingreso al colegio militar

En realidad la infancia de Napoleón está perdida en el tiempo y en la historia, ya que se sabe escasamente poco de esta etapa de su vida. No hay datos comprobados que comenten sobre los primeros diez años de vida del segundo hijo de los Bounaparte, y es hasta el inicio de la segunda década de su vida cuando el aún pequeño Napoleón ingresa en el colegio de Autun, y cuatro meses después a la escuela militar de Brienne, en Champaña, el 25 de abril de 1779. Dado a su exagerado patriotismo, lo primero que le molesta es que tiene que aprender y dominar, completamente, el idioma ya oficial en la isla: el francés.

En estos primeros diez años de vida del infante Napoleón, su carácter se ha formado taciturno, retraído, introvertido, de mirada sombría y ardiente, pero además, posee cualidades que le permitirán salir adelante de los burlas de sus compañeros por su pobre forma de vestir y su pésimo francés: impetuosidad, coraje, fantasioso en ocasiones, muy realista en otras, orgullo y una osadía a toda prueba.

El pre-adolescente Napoleón tiene definidas sus primeras metas, muy acordes con las de su padre Carlo: ser oficial del ejército francés a pesar de odiar a este país y a sus habitantes, ya que reconoce la superioridad en estrategia militar de éstos por sobre otros ejércitos del mundo.

A los 12 años y a dos de estar en el colegio militar de Brienne, Napoleón le escribe a su padre Carlo para exigirle cualquiera de estas dos alternativas: "O me llevas a casa o me provees mejor, sobre todo en ropaje, porque estoy harto exponer la vergüenza de mi pobreza y no consentiré más ser el blanco de los tunantes".

El adolescente Napoleón no soporta las burlas de sus compañeros de estudio, pero no se da cuenta que su carácter es parte fundamental para ello, y aunque poco a poco se va haciendo de amigos pues posee las cualidades de ser buen compañero, leal y de buenos sentimientos, su mal francés, su "poca inteligencia" en la mayoría de las materias y su deficiente modo de montar a caballo, son motivos más que suficientes para seguir siendo blanco de chistes, bromas y burlas.

Además, él siempre expresa su enorme amor a su "patria" Córcega y su gran orgullo de ser un corso a ultranza, lo cual no es entendido por sus compañeros y a eso hay que agregar que no es un alumno sobresaliente y no hay nada que indique que algún día será una persona importante o de valía para Francia, al menos así lo clasifican varios de sus profesores.

"Llegará lejos si las circunstancias lo ayudan"

A los quince años y después de estar cuatro y medio en el colegio militar de Brienne, el joven Napoleón Bounaparte ya ha formado su carácter, se ha manifestado como un buen soldado en formación y ahora sí, gracias a sus notas sobresalientes en las materias como las matemáticas, geografía y sobre todo, historia, obtiene una beca para estudiar en la prestigiosa Escuela Militar de París y esto, que puede profundizar las diferencias lógicas entre pobres y nobles, ya no es un obstáculo para el corso, pues en esa escuela estudian los hijos de las familias nobles, ricas y distinguidas de Francia, y aunque muchos de ellos lo "barren" con la mirada, eso, aunque le molesta, lo soporta y no se los hace saber a sus compañeros de estudio, quienes están llenos de soberbia y altivez, lo cual pagarán muy caro dentro de algún tiempo. Lamentablemente para él, a los 14 años pierde a su padre de una extraña enfermedad (cáncer) la que, según la historia oficial, afectará también a Napoleón.

Incluso, en la escuela al conocerse su origen, varios de los hijos de familias de la nobleza quieren insultar a Napoleón diciéndole "espartano" y esto, lejos de ofenderlo, le da motivos de orgullo y hasta llega a considerarlo un alto honor. Se ha esmerado en sus estudios, sabe que es la mejor forma de ascender socialmente y sobre todo, de obtener firmeza y conocimientos elementales para ser "algo más que un simple oficial del ejército francés", es más, a los 15 años, él ya tiene una forma de redactar sus trabajos que es encendida, apasionada, clara y aguda, por lo que su profesor de Literatura dice del joven Bonaparte: "Es un granito caldeado en un volcán" y el de Historia comenta: "Es un orgulloso corso de origen y carácter, llegará muy lejos si las circunstancias lo ayudan".

Lo que este último profesor no sabe o no logra distinguir, es que el joven Napoleón, con el tiempo, logrará lo que quiera y si las circunstancias no lo ayudan, él las provocará y cambiará para que así lo sean. Antes de graduarse, su padre Carlo fallece y esto lo lleva a escribirle a su madre una bella carta en términos muy afectuosos para darle un poco de consuelo.

El 28 de octubre de 1785 se gradúa de la Escuela Militar de París y lo hace con el grado de Subteniente de artillería. Se traslada a Valence como alférez del famoso y prestigioso regimiento de artillería La Fère.

En esta nueva etapa de su vida (1786, a los 17 años), ya libre e independiente, vive en la pobreza y aunque no le faltan aventuras amorosas, éstas no son nada importantes; está sumido en un estado entre espiritual y nostálgico, entre que su conciencia quiere salir y explorar mundo y su cada vez mayor amor a su "patria" la Córcega de sus sueños y su vida. Sigue sintiendo desprecio por los franceses, aunque los soporta, sólo que ahora ya es un odio casi ge-

Napoleón Bonaparte.

neralizado hacia la humanidad y comenta con desprecio: "¡Cómo se han alejado los hombres de la naturaleza! ¡Qué cobardes, rastreros y viles son! Por eso, estoy siempre solo en medio de los hombres"

Estos sentimientos se agudizarán cuando a los 17 años, y después de 7 de no estar en Córcega, obtiene permiso para estar medio año en su querida "patria chica"; quiere ser el "Cronista de su ciudad" y escribir su historia, llena de infamia por parte de algunos de sus líderes, pero antes, procura leer y releer *Jerusalén liberada* de Torquato Tasso, *Orlando el furioso* de Aristo y todas las obras a su alcance: de Voltaire, Racine, Corneille, Platón, Homero, Plutarco, Conerlio Nepote, Juan Jacobo Rousseau, Raynal, Montesquieu, Montaigne, Tito Livio y Tácito. Todo un "arsenal" de ideas para lograr la independencia de Córcega.

El joven militar prolonga su estancia en Córcega más de un año y cuando en 1788 regresa a su regimiento, éste ha sido trasladado a Auxonne porque el Rey y los integrantes de la nobleza francesa empiezan a sentir vientos de rebeldía entre la gente del pueblo, ya que mientras los nobles se la pasan en fiestas y excentricidades de todo tipo, el pueblo no tiene ni trabajo ni forma de conseguir lo indispensable para subsistir; pero esta situación es ignorada por la aristocracia, hecho que lamentará un año más tarde: la revolución está gestándose y los gritos de "¡Libertad, Igualdad y Fraternidad!, empiezan a resonar en todos los rincones del país.

Al soldado Bounaparte estos hechos no le preocupan realmente, por ahora, cree que es una batalla de la aristocracia contra el absolutismo por lo que dedica su tiempo a las maniobras militares y al estudio, que él considera como su única distracción, si se le puede llamar así, ya que desea fervientemente que su adorada Córcega sea independiente y no piensa desgastarse en peleas que no son suyas, pues como gran conocedor de la historia y sobre todo de monarquías y reinados sabe que "pocos son los reyes que no han merecido ser destronados".

El joven Napoleón estudia con ahínco sus materias predilectas ya que sabe, siente y presiente que algún día les serán de mucha utilidad. Por eso, la Historia, la Geografía y la Literatura son indispensables en su acontecer diario, y con el tiempo, no se arrepentirá de haberlo hecho así.

Precisamente, en la Literatura, es en donde puede dar mucho de sí, sabe expresarse con precisión, va directo al asunto a tratar y se explaya cuando el tema lo amerita. Es muy probable que si el joven Bounaparte no sobresale en el dudosamente llamado arte de la guerra, sí lo haga como literato de altura, pero esta profesión no alcanza a cubrir todas las expectativas de grandiosidad, majestuosidad y de aristocracia que albergan los pensamientos del incipiente soldado francés, y es por eso que las armas son la forma más segura de conseguir fama, gloria, conquistas, reconocimientos y sobre todo, ser parte de la historia nacional y del mundo.

Sin embargo, al estudiar Historia, Napoleón sabe reconocer las graves faltas de los historiadores; no está de acuerdo con ellos cuando se habla, sobre todo, de culturas y países como Egipto, del Gran Imperio Romano, de Grecia, de grandes conquistadores como los Césares, Carlo y Alejandro Magno, del audaz y temerario Aníbal, de quien obtiene toda la información posible, ya que quiere ser tan atrevido como él.

Del estudio de estas culturas y personajes, el teniente Bounaparte obtiene valiosa información política, social, histórica, de organización, de formas de gobierno, de pensamiento; no tolera que los historiadores oficiales menosprecien las aportaciones en cuanto a impuestos, el modo de convencer a los ciudadanos para que los paguen y la forma correcta en que deben actuar las instituciones gubernamentales para que el país crezca en todos los aspectos.

Cada página de los libros que Napoleón devora, aporta un grano de arena en su memoria y así poco a poco se van formando las grandes bancos de arena, las enormes playas del conocimiento, mismos que, en su momento, saldrán para respaldar la actuación del soldado y lograr materializar esos enormes deseos de grandeza y de trascendencia que tanto impulsan al militar.

Sin embargo, Napoleón no confía solamente en su prodigiosa memoria, y de cada línea que lee hace anotaciones en cuadernillos en los que expresa sus pensamientos al respecto de algún autor o tema en especial; no deja de hacer críticas a los grandes autores, más si se trata de quienes comentan sobre la sociedad en su conjunto y del hombre como individuo, tal es el caso de Juan Jacobo Rousseau, de quien dice que "La unidad del Estado consiste no sólo en que las corporaciones o los individuos no puedan contrarrestar los medios de aquél sino también en que los sentimientos que animan a las diversas instituciones apuntan a un mismo fin".

Esta actitud crítica hacia el filósofo ginebrino permite que Bounaparte desarrolle sus propias tesis políticas, y al leer y releer la obra "El Contrato Social" mueve la cabeza negativamente y anota al término de cada tesis de este autor: "No creo en nada de esto", aunque ello no signifique que no tome ideas de esta obra y otras más. Le agrada saber que puede existir un Estado omnipotente pero no formado libremente por la sociedad, sino por individuos, por personas, por una personalidad creadora y dominadora de todo el entorno político, social, económico y militar; ese es su pensamiento y a cada meditación le va dando la forma que él quiere, discute con él mismo, planea, corrige, se anima y al final de cada día, ya ha acomodado otra pieza del rompecabezas futurista de grandeza que tanto anhela.

Ahora le interesa tanto la libertad de Córcega como la de Francia y ya no siente odio por los franceses sino que él ha adoptado esta nacionalidad con orgullo, sabe que Francia puede ser grande estando él como cabeza de gobierno, desea la libertad de los franceses pero ésta solamente se puede lograr teniendo el poder y mientras más poder se tiene, más libre se es, al menos eso es lo que por ahora piensa y mueve al joven soldado.

2

Revolución francesa, ascenso militar y primeras conquistas

En la primavera de 1789, la lucha de clases está a punto de provocar un gran movimiento popular contra la realeza, encabezada por el Rey Luis XVI y su desprendida esposa, María Antonieta; ésta última no sólo ignora deliberadamente las graves carencias alimenticia, hambruna y de empleo de la mayoría de los franceses, sino que además, se burla de ellos cuando una de sus damas de compañía le comenta que el pueblo tiene mucha hambre, a lo cual, da una respuesta por demás irónica y cínica: "¿Tienen hambre?, pues que coman pan".

Napoleón ve este posible movimiento del pueblo con mucha esperanza, clama y grita a quien quiere escucharlo: "¡Quiera el cielo que esta chispa de patriotismo sea duradera y no sirva para empeorar las situaciones!, que es lo que temo". Lo contradictorio de esto es que el soldado desea que estalle la revuelta y que se convierta en algo mucho más, que logre liberar al pueblo de sus miserias; pero por otro lado, es un soldado al servicio del Rey y debe obedecer las órdenes emanadas de sus superiores.

Por eso cuando hay estallidos de grupos en el poblado de Seurre, el teniente Bounaparte es enviado para reestablecer el orden y lo consigue con una asombrosa y temeraria sangre fría que le vale el reconocimiento de sus superiores, y empieza a llamar la atención de estos por su valor, determinación y excelentes movimientos estratégicos militares.

Sin embargo, Napoleón siente una enorme simpatía e identificación por este movimiento cívico que promete ser todo un acontecimiento. En esta etapa de su vida, a los veinte años, ya no ve a los franceses como enemigos, ya lo ha superado y ahora se siente orgulloso de ello; desea que brote un movimiento más organizado con la participación de todos los ciudadanos afectados, en pocas palabras, una verdadera revolución; vislumbra a Francia como una nación ilustrada, poderosa y noble porque recuerda la historia y empieza a exigir sus derechos acumulando mucha fuerza: ha conseguido la libertad como país y ahora es absolutamente necesario que también la gente del pueblo la obtenga.

El movimiento revolucionario estalla y a pesar de lo grave de la situación, Napoleón consigue permiso por un año para regresar a Córcega, a la que sigue amando con pasión, y ya no ve a Francia como enemiga, sino que quiere que se integren total y definitivamente, incluso hasta piensa que "ya no hay mar entre nosotros" dando a entender que las diferencias han quedado atrás. Aprovecha su estancia en su terruño para fundar un club político en Ajaccio y una milicia corsa en Bastia.

Otro movimiento en Córcega

Aprovechando el movimiento revolucionario surgido en Francia, el líder de la independencia frustrada de Córcega, Pasquale Paoli, regresa de su destierro en Inglaterra y es recibido y aclamado como si realmente hubiera conseguido la tan ansiada libertad contra el dominio francés. Paoli adquiere mucho poder y no existe otra forma de ascender a puestos políticos si no es bajo su sombra, por lo cual, los Bounaparte se alejan de él y quieren ser su contrapeso político pero él los aísla dejándolos solos, a tal grado, que cuando José Napoleón presenta su candidatura al cuerpo legislativo, Pasquale se ocupa de evitarlo a toda costa... y lo logra.

Desde Auxone en Bourgogne, el 12 de junio de 1789, Napoleón le envía una apasionada carta a Paoli, quien se encuentra en su residencia de Londres, en la que abrigado con un exagerado patriotismo, le hace saber su posición ante la intervención extranjera en la isla, y termina por ponerse sus "apreciables" órdenes.

En Francia los acontecimientos irían en aumento, la monarquía absoluta ha sido derrotada y derrocada, permitiendo la entrada en el gobierno del país a la burguesía y campesinos al cual se le conoce como Tercer Estado. Éste proclama la igualdad de los individuos oponiéndose a los privilegios de la nobleza e inicia la era del liberalismo político no sólo en Francia sino en el continente europeo.

Estos hechos, obligaron al Rey Luis XVI a convocar los Estados Generales el 5 de mayo de 1789 pero esta convocatoria fue aprovechada por los diputados del Tercer Estado para constituirse en Asamblea Nacional, el 17 de junio del mismo año, tomando como base jurídica, política y social que Francia requería de una profunda revisión de sus instituciones, por lo que el 9 de julio, la Asamblea se proclama Constituyente.

Así el movimiento revolucionario empieza a formarse como una verdadera República y el 14 de julio de 1789, como consecuencia del agravamiento de la lucha armada entre realeza y plebeyos, los parisinos toman por asalto la Bastilla y liberan a todos los presos que allí se encuentran, muchos de ellos por razones políticas.

Después de ver frustrados los intentos políticos de su consanguíneo, Napoleón regresa a su regimiento donde es recibido con un ascenso, ahora ya es primer teniente. Es el 20 de junio de 1791, el movimiento revolucionario está en su segundo año y este día, el Rey Luis XVI y su esposa María Antonieta, huyen de París temiendo por su seguridad personal, sabedores de que están completamente desamparados; lamentablemente para ellos, son detenidos en Varennes. Esta huida del Rey permite a Napoleón empezar a definir sus ideas sobre la Francia que quiere, está desengañado por el pésimo desempeño del Rey y se une al pueblo para proclamar la condena de su exmonarca. Sabe perfectamente que la muerte de un soberano no puede provocar guerra alguna, aunque también sabe que existen lazos de sangre entre reyes de diversos países.

El primer teniente Bounaparte también sabe que: "Aunque Europa está dividida, entre soberanos que mandan a hombres, y soberanos que mandan a bueyes y caballos. Los primeros reconocen la naturaleza de la revolución, pero sin atreverse a emprender nada contra ella; los otros la ignoran, no ven sino el caos, las ruinas y esperan las consecuencias". Éste es el nuevo pensamiento del joven soldado Bounaparte, el que se consolida en pensamiento y acción, aunque su interés político sigue en estado latente en espera de nuevas oportunidades para salir a la luz.

Por este tiempo, la Academia de Lyon crea un premio al mejor trabajo sobre "La Definición de las Verdades y Sentimientos, que en primer término, deben infundirse a los hombres para su dicha". Para este premio es promocionado el filosofo Raynal y desde luego, la participación del joven soldado Napoleón Bounaparte figura entre los candidatos a obtenerlo.

De entre sus razonamientos serios, bien planteados y fundamentados, destacan que: *El hombre ha nacido para ser feliz y con su nacimiento adquiere el derecho a los frutos de la tierra, necesario para su conservación... Aunque la felicidad se consigue solamente cuando reciben lo suyo tanto la parte animal como la espiritual del organismo humano... Sé hombre, vive como dueño de ti mismo; sin dominio de sí mismo, no hay virtud ni dicha alguna, ya que éstas están ligadas a la moral que fluye de la conciencia... Y para aquellos que estas verdades no son evidentes, son desgraciados por su falta de inteligencia, ya que éstos son rayos luminosos que han alumbrado la atmósfera... Y para juzgar se debe comparar.*

Para Napoleón, el egoísmo es un demonio con "risa sardónica. Los crímenes son para él un simple juego... las intrigas nada más que un medio" y con estos pensamientos recrea en su mente las figuras de personajes que han sido dominados por la ambición: Carlos V, Felipe II, Oliver Cromwell, Luis XIV, y observa similitudes entre el conquistador Alejandro Magno y el cardenal Richelieu: "La misma locura que trastornó el cerebro de Alejandro se apoderó también del cardenal". Esta condena a la ambición es total ya que la considera "delirio violento y absurdo que sólo acaba con la muerte... Y solamente debe contar en el hombre lo que es movido por la intención pura de contribuir al bienestar común, ese hombre virtuoso que refrena la ambición en lugar de dejarse dominar por ella".

"La virtud descansa en el coraje, en la fortaleza. La energía es la vida del alma, como la fuente primordial del juicio". Así, casi sin darse cuenta de lo tremendamente fusionadas que fluyen esas dos acciones que intenta mantener separadas.

Desde luego que la participación de Napoleón en este certamen no es apreciada en todo lo que vale y el jurado decide dar el primer lugar a otro trabajo; juzgan su colaboración "como un sueño vivo" o "como un espejo de su alma".

Posteriormente, en septiembre de 1791, es aprobada una Constitución que sienta las bases de la monarquía constitucional, siendo el 1 de octubre cuando se abre la Asamblea Legislativa, pero el Rey se resiste a aceptar estas reformas y con ello provoca la caída del reinado. Este año, durante el otoño, Napoleón regresa a Córcega para saber cómo está la situación de la isla en general y de su familia en particular, pero no ha cambiado en nada desde su partida; Pasquale Paoli sigue a la cabeza de la administración y de la Guardia Nacional, y el primer propósito del corso Bounaparte es el de ocupar el puesto de rector de esta guardia.

Pero no es nada fácil acceder a ese cargo y menos para los Bounaparte, quienes al paso de los días pierden más y más posiciones dentro del gobierno, y como esto no le gusta a Napoleón decide regresar a Francia, no sin antes recomendarle a su hermano José que se haga aliado y amigo de Paoli, que aproveche la convocatoria para la Convención y se haga elegir diputado, ya que si no lo logra, estará condenado a desempeñar siempre un oscuro papel en Córcega.

En el año de 1792 fue lanzada la convocatoria para la Convención del 20 de septiembre, durante la cual Francia se convertiría en República y Luis XVI sería juzgado y condenado a muerte.

En 1793, se cumple cabalmente con la condena dictada al Rey Luis XVI, y el 21 de enero es decapitado en la plaza pública ante el griterío enardecido y eufórico de la gente del pueblo que clama por la justicia y muerte de los monarcas, culpables del hambre y vida mísera de muchos de los habitantes de Francia.

Por supuesto que el ya teniente coronel de la Guardia Nacional corsa, Napoleón Bounaparte sigue de cerca y con mucho interés los disturbios de París y la caída del Rey, teniendo en su mente tres acciones que lo impresionarán de por vida: el comportamiento desbordado de la chusma, el cual le parece despreciable; la nefasta actitud del Rey, un cobarde, y la de los responsables, la de aquellos que tienen la desgracia de desempeñar un papel y que no son más que unos pobres diablos para él. Los compara con los habitantes de su natal Ajaccio diciendo que "quizá todavía son más mezquinos, difamadores y chismosos, aunque mirándolo de cerca, se ve que el entusiasmo es entusiasmo y que los franceses son un pueblo envejecido sin nervio ni energía".

Pero en esa época, el soldado corso está más ocupado en visitar a editores de libros para que publiquen dos de sus obras *La Historia de Córcega* dirigida a Abbé Raynald, supuestamente en 1789, *El Discurso de Lyon*; para colmo de males, no hay ningún editor de libros que se atrevan a editarlas, a pesar de lo encendido de su discurso por lo que él simplemente comenta: "Ya he renunciado a la mísera vanidad de los autores", tirando al piso sus ilusiones literarias y enfocándose a otros aspectos menos románticos y sentimentales, y más a lo racional, objetivo e inmediato.

Su nuevo pensamiento y enfoque sobre la vida futura hace que Napoleón empiece a madurar como ser humano, como soldado, como político, y a gestar en él su posibilidad de estadista y monarca de Francia. Incluso, en 1793, el militar ya no piensa en liberar a Córcega sino que ahora ya es tan francés como el que más, tal vez orillado a ello porque tanto él como su familia tienen que abandonar la isla al decir que Pasquale Paoli ya es un traidor, porque conspira junto con los ingleses para someterse a la soberanía británica e independizar Córcega, aprovechando la aún caótica situación francesa por la revolución.

Cuando Córcega declara su independencia en 1793, Bounaparte, decididamente partidario del régimen republicano, huye a Francia con su familia. Es nombrado jefe de artillería del ejército encargado de la reconquista de Tolón, una base naval alzada en armas contra la República, con el apoyo de Gran Bretaña, que junto a Prusia, Austria, Holanda y España, tras la declaración de guerra francesa a ésta última, han constituido la Primera Coalición contra Francia en este mismo año.

Y en ese mismo 1793, siendo los primeros intentos de un gobierno diferente al de los reyes, Robespierre llega al poder llevando consigo una dictadura tan o más cruel que la de los monarcas anteriores; tan es así que se le llama apropiadamente "La Época del Terror".

Comienza "La buena estrella" de Napoleón

El partido de la Montaña es quien gobierna y Napoleón se ha unido a ellos, supone que son los mejores y quienes peleen contra ellos lo hacen contra Francia; así lo ve el tenien-

25

te coronel aunque la demás gente lo consideran un jacobino no declarado y esto le permite entablar amistad y relaciones con varios diputados enviados al Mediodía como comisarios. Esto, junto con su "buena estrella" le permiten abrirse paso a un futuro que tal vez nunca nadie imagina para un soldado como él, sobre todo, por lo rápido y meteórico de su ascenso hasta llegar a la cúpula del poder.

Lo que tanto se teme por la lucha revolucionaria, sucede; tropas extranjeras empiezan a querer sacar provecho de este caos francés y los primeros en atacar son los ingleses, quienes se apoderan de inmediato de Tolón; el regimiento de Napoleón es uno de los asignados para llegar y tratar de recuperar esta ciudad, pero no sólo luchan contra los ingleses sino contra insurgentes franceses.

En diciembre de 1793, el comandante de la tropa es herido de gravedad al inicio de las acciones bélicas y es preciso que alguien tome el mando ya que de la actuación de la artillería depende el éxito o fracaso de la batalla. Los comisarios de la Convención presentan al general Carteaux a un joven soldado para que sea él quien dirija las acciones bélicas del regimiento francés, ese joven no es otro que el mismo Napoleón.

La buena estrella de este soldado empieza a brillar ya que entre uno de los comisionados se encuentra Saliceti, un diputado oriundo también de Córcega que ve al teniente coronel, paisano suyo, con muy buenos ojos. La situación de la lucha se está inclinando hacia el lado de los ingleses, por lo que no hay tiempo para nombrar a otro general y Carteaux acepta a Napoleón para que dirija las hostilidades contra los invasores extranjeros.

El joven soldado corso toma el mando de las acciones, mira las posiciones enemigas y las propias, en su mente empieza a acomodar las piezas y de inmediato da órdenes para cambiar a la artillería de posición. Se mueve con seguridad, ya ha descubierto el punto débil del adversario y ha reforzado el fuerte en los suyos, su frialdad es majestuosa e imponente, sus decisiones son obedecidas de inmediato, y causa admiración entre sus soldados y temor al enemigo.

Napoleón utiliza la fuerza de sus cañones para apoderarse de uno de los fuertes, obligando a los orgullosos navegantes ingleses a huir para no ser aniquilados por las balas de cañón y fusil de los soldados franceses, comandos por un desconocido para ellos: Napoleón Bounaparte. Esta primera batalla, dirigida por el soldado corso, asombra por la rapidez con que es lograda; en cómo el pueblo de Tolón se rinde de inmediato ante el ejército francés, y además, el mismo pueblo sabe reconocer las virtudes militares del teniente coronel Bounaparte. Como recompensa por su acción es ascendido a General de brigada contando con 24 años de edad.

A partir de ese momento, el General Bounaparte está al mando de la artillería del denominado Ejército de Italia, el cual tiene mucha importancia por la constante presencia de los ingleses y de su posible alianza con las tropas españolas y austro-piamontesas, por lo que planea fortificar el sur de Francia.

Algo que lamentará es su amistad con un hermano del terrorista Maximilien Francois Isidore de Robespierre, con Augustin, y cuando en el 9 Termidor, es decir, 27 de julio de 1794, es derrocado este régimen y guillotinado aquél un día después, Napoleón trata de poner distancia a esa relación pero ya es tarde, y a pesar de que afirma que "aunque fuera mi padre, yo mismo lo hubiera apuñalado si hubiera querido imponer la tiranía" no lo salva de ser degradado del ejército y tomado prisionero por el nuevo régimen.

Con estas acciones tan intempestivas y rápidas, el General Bounaparte entiende que su apoyo a la dictadura del terror de Robespierre no le ha dejado nada bueno y afronta su nueva mala situación con dignidad. No tiene trabajo ni dinero y sus ilusiones de ascender en el ejército francés están rotas y sin posibilidades de reanudarlas.

Afortunadamente para Napoleón, las aguas se calman después de la muerte de Robespierre y puede regresar al ejército gracias a sus enormes méritos en la batalla de Tolón contra los ingleses, pero tal parece que esto es para hacer más grande su castigo por haber estado del lado de los "malos" ya que es trasladado para que se presente bajo las órdenes de Hoche (sólo un año mayor que él), y lo apoye para sofocar la guerra civil en Vendée; sin embargo, Napoleón no lo hace, argumentando todos los pretextos que puede y esto sólo le sirve para ser botado de la milicia.

El corso hace un recuento de toda su experiencia y saca conclusiones que le serán muy útiles en el futuro inmediato, no obstante, se siente fracasado y abandonado; se encuentra pobre e inseguro y la amargura está a punto de invadir su corazón, mas no lo permite, no puede darse el lujo de la derrota, la resignación y el abatimiento; su temple no lo permite y se juega el todo por el todo, ya que si debe desafiar a la muerte y al destino, lo mejor es hacerlo en la acción de conseguir las metas ya trazadas varios años atrás.

El joven Bounaparte sabe que movimiento es energía y es lo que empieza a hacer, recurre a viejas y nuevas amistades para lograr obtener no sólo algún trabajo sino que, además, le permita seguir su carrera en las armas. Envía cartas a todos ellos pero en especial a uno, a Paul, vizconde de Barras, quien, aparte de ser diputado, es el jefe del Directorio y primer magistrado de Francia, al que conoció cuando recuperó Tolón para su país.

Es a través de este personaje, quien está dispuesto a ayudarlo, que Napoleón hace llegar al Comité de Salvación Pública sus planes, maduros y bien pensados, para llevar a cabo una ofensiva por la costa, dirección Noreste, para separar la alianza de austríacos con piamonteses y sardos, y forzar así, a éstos últimos a la paz, conquistar Lombardía, franquear el paso de Trentino y llegar hasta el ejército del

Rin, mismo que avanzará por el Este hacia el Sur de Alemania para acabar con Austria.

Tremendos planes de guerra no pasan inadvertidos para la mayoría de los generales del ejército francés, pero a su vez los califican de demasiado osados e insensatos, y los desechan. En esta ocasión no brilla la buena estrella y continúa estando en la lista negra de los generales del ejército francés.

Revuelta que revive a Napoleón

Pero no todo está perdido, pues cuando está a punto de partir a Oriente, siendo el 13 del Vendimiario, (5 de octubre de 1795), estalla un fuerte levantamiento popular contra la Convención, o mejor dicho, contra la recién promulgada Constitución. El diputado Paul, vizconde de Barras, es asignado para sofocar la enorme manifestación, para lo cual, sin pérdida de tiempo, llama a todos los oficiales del ejército que se encuentran disponibles, incluido el mismo Napoleón, quien se alegra mucho con su convocatoria para estar nuevamente en pleno uso de sus armas y al frente de un regimiento, y lo mejor (¿o peor?) es que tiene carta abierta para actuar como mejor le parezca.

Sangre, nuevo símbolo napoleónico

Napoleón no está dispuesto a dejar pasar esta nueva oportunidad militar y de inmediato llega al sitio de la monstruosa manifestación y pronto reconoce los puntos débiles de los manifestantes; se planta en un lugar estratégico, dispone de municiones y de más armas almacenadas en el templo de San Roque, y una vez colocados sus soldados, empiezan a disparar a mansalva sobre los desprotegidos inconformes, a quienes ahoga en sangre, cortando total y definitivamente cualquier nuevo brote de este tipo. A partir de este momento, el color rojo sangre será un símbolo que marcará al General corso hasta el día de su muerte.

Este "triunfo" sobre su propia gente permite al vizconde de Barras estar nuevamente tranquilo en sus varios cargos en el gobierno, y decide introducir al joven Bounaparte en su exclusivo círculo de amistades, miembros del Directorio; pero no es todo, también recibe el ascenso como general de división y comandante interino del Ejército del Interior. Napoleón está feliz, siente que está en el camino correcto, ha asimilado sus errores del pasado y los está aplicando ahora en esta nueva oportunidad para su carrera militar; por si fuera poco, el mismo vizconde es designado miembro importante del Directorio y como es materialmente imposible tener dos cargos de alta responsabilidad, deja su puesto en el ejército y éste es ocupado inmediatamente por el mismo Napoleón Bonaparte.

"La fortuna me es propicia" clama el orgulloso General de división y en un arranque de coraje, comenta además: "El hombre de coraje debe despreciar el futuro". Sabe que este nuevo "golpe de suerte" se lo debe a la sangre derramada de muchos de sus conciudadanos, pero eso no le importa, la alta sociedad parisina, principalmente, le abre sus puertas a un tipo de reuniones donde ya no reinan la virtud y la austeridad sino nuevamente el vicio y el lujo desmedido.

Tampoco le importa esto a Napoleón, por ahora considera que sólo es posible avanzar en su carrera por medio de las influencias y los compromisos sociales, y él está dispuesto a hacerlo a costa de lo que sea.

Aparece Josefina

Dentro de sus nuevas amistades sobresale la que lleva con una dama de 33 años que ha quedado viuda porque su esposo ha sido ejecutado bajo la guillotina del movimiento revolucionario. Ella es sumamente atractiva y posee un donaire que resalta su belleza. Su nombre es Josefina Rosa Tascher de la Pagiere, viuda del general Beauharnais y madre de dos niños, Eugenio y Hortensia, y corre el fuerte rumor, confirmado después, de que es la amante, ni más ni menos, del mismo Paul vizconde de Barras.

Esta bella mujer proviene de buena cuna, de la noble familia Tascher de la Pagerie, venida a menos a partir de 1789. Josefina no desea llegar a más edad sin haber aprovechado todo lo que le da la vida; es ardiente, llena de gracia y para no regresar a prisión, se hace amante del vizconde de Barras, quien llega realmente a idolatrarla, a tal grado, que le soporta varias infidelidades que se incrementarán en los años siguientes.

Después de los sangrientos sucesos del 13 del Vendimiario, la Convención decreta un desarme del sector París, el cual se cumple de tal forma, que a la viuda le es confiscado un hermoso sable del General de la República, Alejan-

Retrato de Josefina

dro de Beauharnais, ejecutado en el cadalso. Eugenio, hijo de este militar, tiene la osadía de acudir ante el también General de división, Napoleón Bounaparte, para solicitar que le sea devuelto ese sable como recuerdo de su padre; el militar se conmueve con la petición y regresa el arma al joven Beauharnais.

Por este gesto, la hermosa viuda Josefina acude también ante el General a darle las gracias personalmente por tan noble acción, y así es como se conocen y empieza un romance que hará historia.

La bella Josefina es de edad seis años mayor que el militar corso, pero esto no es problema cuando se tienen los contactos necesarios. El romance entre Napoleón y Josefina se desarrolla con rapidez; él está más que dispuesto a formalizar su relación y le pide a ella que lo acepte en matrimonio.

Al hacerse público el enlace, el morbo de la gente de la sociedad francesa alcanza grandes dimensiones; se han vuelto la comidilla del día pues siendo muy amigos del vizconde, Napoleón y la misma Josefina, no taltan las bromas para este triángulo amoroso.

Sin embargo, por ahora, esto tiene sin cuidado al militar corso, tan es así, que antes de finalizar 1795, dirige una breve pero encendida carta a: *"Joséphine de Beauharnais. Despierto lleno de ti. Tu imagen y los intoxicantes placeres de anoche, no permiten a mis sentidos ningún descanso. Dulce e inigualable Joséphine, ¡de qué manera tan extraña afectas mi corazón! ¿Estás disgustada conmigo? ¿Estás descontenta? ¿Estás molesta?... Mi alma está destrozada de dolor y mi amor por ti no me permite descansar. ¿Pero cómo podría descansar, cuando me abandono al sentimiento que domina lo más íntimo de mi ser, cuando bebo continuamente de tus labios y de tu corazón una flama ardiente? ¡Sí! Una noche me ha enseñado lo lejos que tu retrato está de ti! Sal a medio día: en tres horas volveré a verte. Hasta entonces, mil besos, mi dulce amor: pero no me mandes ninguno ya que incendian mi sangre".*

Con el despertar de este amor tan apasionado de la pareja, el 9 de marzo de 1796 se celebra el matrimonio civil entre Napoleón y Josefina en la sede del municipio del Segundo Distrito de París. Destacan dos hechos muy curiosos: en el acta consta que ella tiene cuatro años menos y él uno más, así, para afuera, se acorta la diferencia de edades a sólo un año; y el otro, que el mismo examante de la aristócrata es testigo de este enlace matrimonial. Por ahora, solamente lo hacen ante la sociedad civil, algunos años después lo harán ante las autoridades religiosas.

La luna de miel es de escasos dos días ya que Napoleón tiene que asumir un nuevo cargo como Comandante en jefe del Ejército de Italia, y debe partir solo, dejando a su recién esposa a merced de su poca discreta pasión por los hombres. Sobre este punto destacan las ardientes cartas que el enamorado recién casado escribe frecuentemente a su pareja sentimental, en donde desahoga su pasión y unos celos desenfrenados, por demás justificados, por estar lejos de su amada esposa.

Las batallas del ascenso definitivo

Empezando el año 1796, el exdiputado en la Convención y actual miembro del Directorio, Lázaro Carnot, concibe un plan de ataque e invasión consistente en que el ejército de Italia (francés) marche sobre Viena por el Valle del Adigo, para invadir la llanura de Padua, en tanto que otras dos fuerzas militares, la de Sambrer y el Mosa, comandadas por el general Jourdan y las del Rin y el Mosela, a cargo del también general Moreau, avancen hacia la capital de los Habsburgo, a través del valle del Danubio. Sin embargo, este plan no funciona más que en la parte que le corresponde al general Napoleón Bounaparte, quien, hábilmente, aprovecha los errores de los comandantes enemigos para atacarlos por separado, asegurando los ataques parciales y nunca darles tiempo de reagruparse.

Aplica cabalmente el viejo proverbio "divide y vencerás", y así lo hace el General francés, divide a las fuerzas enemigas para atacarlas separadamente y lograr vencerlas sin sufrir muchas bajas.

Con esta batalla Napoleón da a entender que para el arte de la guerra, como la concibe, no existe nadie mejor que él, y en su nuevo y arraigado nacionalismo francés, decide cambiar un poco su apellido, afrancesarlo, para que no existan dudas al respecto del amor a su patria; ya no es Bounaparte, ahora ya es Bonaparte, tiene 27 años, sabe lo que quiere, cómo conseguirlo y sobre todo, está en camino y tiempo en que nadie lo detendrá militarmente en los próximos años; además, llegará a ser la máxima autoridad de una Francia expansivamente agresiva con sus vecinos europeos, que sólo de esa manera será digna de un soberano que no piensa en pequeñeces sino en grande y a lo máximo.

Pero Napoleón no es el único que es observado, él a su vez empieza a ver y a tomar nota de algunos militares en los cuales podrá confiar en un futuro cercano, destacan Augereau, Berthier, Junot, Kilmain, Laharpe, Lannes, Marmont, Murat, Sérurier, Suchet y Victor, muchos de ellos pasarán a formar parte de un selecto grupo de oficiales que, con el tiempo, serán sus mariscales.

Todos comprenden pronto la estrategia guerrera del joven militar, al que se puede considerar hasta maduro por la forma en que aglutina en torno a su persona las miradas de los demás; y lo principal, su estrategia militar en la que el primero y más grande punto es aniquilar al enemigo con base en ganarle en tiempo y rapidez, logrando imponer su ley.

Sin embargo, esto se logra con mucha disciplina personal y militar, donde no existe el cansancio, sólo el trabajo ilimitado, agudizando la inteligencia, y cuando no se tiene la iniciativa de las acciones bélicas, reaccionar terminante y fulminantemente; además, conocer no sólo la psicología del enemigo sino también de la gente que lo rodea, desde la de los altos jefes militares hasta la de los soldados rasos, todos son importantes, tanto amigos como enemigos, quienes al mostrar sus debilidades, flaquezas, ambiciones y faltas, son puntos a tomar en cuenta a la hora de actuar a favor o en contra.

Como muestra de estas características que describen el estilo napoleónico para motivar y exaltar a los soldados, Bonaparte, al recibir el mando de 40 mil soldados, se da cuenta de que forman un grupo de hombres desmotivados, carentes del más mínimo incentivo aparte de que creen que están desamparados por los mariscales franceses. Sin embargo, al dirigirse Napoleón a ellos, lo hace con proclamas por demás ardientes como la ambición de superarse como militares, la gloria de conquistar el mundo, la obtención de recompensas por demás generosas; pero ¡cuidado!, no permitirá el pillaje y saqueo de las poblaciones derrotadas, aunque nunca menciona el patriotismo como principal elemento para combatir la opresión, ya que la única forma de obtener libertar es peleando por ella contra quien sea.

Con palabras como éstas, los soldados sienten que son importantes, que alguien que está al mando de ellos los conoce, ama y protege, y para esto les dice: "Soldados, están mal alimentados y casi desnudos, pero sepan que yo los voy a llevar a las llanuras más fértiles del mundo donde encontrarán gloria, honor y riqueza, ¿acaso no tienen valor para ello?" Y es tan inteligente, que también hace un llamado a los italianos para que apoyen al ejército galo: "A los pueblos italianos, les anuncio en términos no menos inflamados, que nuestro ejército acude a liberarlos del antiguo yugo, a romper cadenas. Sepan que el pueblo francés es amigo de todos los pueblos y si hacemos la guerra, es como un magnánimo enemigo y únicamente contra las tiranías que los oprimen".

Así es Napoleón de inteligente, no solamente motiva a sus tropas sino que hace partícipe a sus enemigos para que se le unan en la guerra, por ello no resulta difícil comprender cómo logra avanzar en su incursión italiana y conquista el Millesimo el 14 de abril de 1796, para dividir a los piamonteses y lograr el armisticio en Cherasco. Esto los deja fuera de la lucha y la victoria causa más molestia que gozo entre los militares franceses, ya que se firma la rendición sin la autorización del gobierno galo; sin embargo, es así como Napoleón empieza a imponer sus tácticas y decisiones, sin esperar respuestas que, incluso, pueden ser negativas a sus peticiones y ambiciones.

Un mes después, el 15 de mayo de 1796, entra triunfante en Milán, y treinta días después impone condiciones y armisticios a los duques de Parma y Módena, al Vaticano y Livorno, y a cada nuevo terreno conquistado, les impone fuertes indemnizaciones y confisca las obras de arte para enviarlas a París como excelsos regalos a los integrantes del Directorio, como un soborno para guardar silencio a la indisciplina y poca consideración de Napoleón hacia las órdenes de los dirigentes franceses.

Y tan es así que, mientras reglamenta la política en Italia, en forma autoritaria instituye las Repúblicas de Cisalpina y Transpaduana, las cuales son organizadas al estilo francés del general Bonaparte. Además, mientras negocia los armisticios con los vencidos, al notar que quieren ganar tiempo para reagruparse, el General francés saca un reloj y les dice a los demás negociantes: "La ofensiva general está fija para empezar a determinado día y necesito seguridad absoluta para no hacerlo. Tal vez pierda una batalla, pero jamás me verán perder un minuto por confianza ciega o desidia".

Sin embargo, el duque de Módena no se queda quieto ni conforme con la derrota y secretamente decide ayudar a los debilitados austríacos para que derroten al General Bonaparte, lo cual constituye que el armisticio se rompa y la lucha regrese al campo de batalla. En ésta, Napoleón lleva a cabo una doble maniobra: logra dividir en dos al ejército austríaco y ataca a una de las partes con fuerzas superiores, y cuando son vencidos, se juntan para derrotar a las más débiles.

Con esta derrota, el 8 de octubre de 1796, Napoleón decreta la anexión de los Estados del duque a Transpaduana. Para el 9 de ese mes, cobija bajo la bandera francesa a Génova, el 10 firma la paz con Nápoles, y el 5 de noviembre de ese mismo año, el duque de Toscana, llamado "El Grande", tiene que achicarse por su derrota y firmar la paz a un costo totalmente alto.

Donde Napoleón encuentra problemas para lograr un armisticio es en el Vaticano, ya que el Papa Pío VI no accede, y muchos miembros del Directorio ponen objeciones espirituales y religiosas para consolidar la rendición de este territorio, sin embargo, finalmente lo consigue.

Desde que Napoleón conquista Lodi en abril, los integrantes del Directorio ven el poder que está acumulando el corso y sobre todo, la desobediencia a sus instrucciones a cada nueva ocupación, por lo que deciden dividir el mando y el General Kellermann es enviado para ocuparse de los austríacos en tanto que Bonaparte debe ir al sur de Italia para hacer del pillaje una cuota de guerra que deben pagar los vencidos.

¡Ah!, pero Napoleón no muestra su enojo ante esta intromisión a sus planes por parte de los miembros del Directorio, sino que demuestra una agudeza e inteligencia que aún en el inicio del siglo XXI sigue siendo causan de admiración y además modificador de conductas de muchos políticos en el mundo. Lo primero que hace es destacar los "méritos" de su sucesor, manifiesta públicamente que no alberga sentimientos de ambición y poder; tan es así, que comenta que si el Estado francés ya no requiere de sus servicios, él regresará a la vida civil a tener otra vida fuera de las armas y del ejército.

También aclara a sus superiores que "Dividir al ejército italiano es muy poco político, pues tener dos generales va contra los legítimos y reales intereses de la República; la causa común por la que luchamos exige una unidad en el mando superior que garantice el éxito en las batallas, y un mal general es mejor que dos buenos". De igual manera alude a la buena voluntad y a la gloria de lo que ya ha iniciado para poder mostrarse "digno de los franceses" y exige la confianza ganada en el campo de batalla bajo el lema de "Victoria (con Napoleón al frente) o derrota" (con Kellermann como general la mando).

Pero los integrantes del Directorio prefieren al "mal General que a dos buenos" y deciden dejar a Napoleón al frente del ejército italiano. Esta evaluación de fuerzas la gana el militar corso y le sirve también para conocer la verdadera fortaleza del Directorio, que no es mucha, para poder someter a sus designios al General Bonaparte. Por otra parte, esto permite que él gane y adquiera mayor confianza en actitud y seguridad en sus actos, sin preocuparse demasiado por lo que digan en Francia.

Después del enfrentamiento con los integrantes del Directorio, Napoleón enfrenta a la muerte cara a cara, ya que decide atacar Lodi y su ejército está a punto de rendirse. El General Bonaparte casi tiene que arrastrar a sus huestes para apoderarse del puente de Adda y no sólo consigue la victoria de la inminente derrota, sino que, además, lo interpreta como un excelente augurio de lo que el destino le tiene reservado; pero él no se confía en ello, sabe, vislumbra, imagina, ve ese inmediato futuro grande, omniminoso, avasallador, y sabe también que hay que labrarlo, cimentarlo y construirlo, sus conquistas militares se han encargado de poner las bases, por esto, cuando el General entra en Milán, su edecán Marmont lo alaba diciéndole que ha logrado una gran hazaña, por lo que obtiene una respuesta directa de Napoleón: "Todavía no has visto nada: hazañas mucho más grandes han de suceder; la fortuna no me ha sonreído para que desdeñe su favor, ella es una mujer y cuanto más haga por mí tanto más he de exigirle".

Napoleón como verdadero romano

En cada sitio conquistado por el ejército de Napoleón, no del Directorio, el General corso cobra una cuota por conquista, es decir, se apropia de los objetos de arte que están a su alcance, sin embargo, no quiere ser visto como un rapaz y saqueador, y por lo tanto celebra "convenios" y "tratados" con los vencidos, en los que éstos últimos "acceden" a traspasar dichas obras a los franceses y además, a ser trasladados fuera de sus ciudades.

Aunque las exigencias en este aspecto son cada vez más fuertes e imperativas por parte de miembros del Directorio, el General Bonaparte les informa lo que quiere y en dosis conveniente, para mantenerlos alejados. Les solicita su autorización en cuestiones francamente poco importantes, sabe como saciar ese voraz apetito de tesoros e, incluso, le hacen el juego al ordenarle que arrase con todo cuanto pueda del suelo italiano por lo que les manda un comunicado desde Milán diciendo: "Sacaremos 20 millones en contribuciones en este país, ya que es uno de los más ricos del mundo".

Pero los ojos de Napoleón se regodean con las verdaderas obras de arte que desfilan ante él: famosísimas creaciones de autores renacentistas italianos, del barroco, cuadros, estatuas, jarrones de la antigüedad clásica, manuscritos, esculturas; en fin, todo lo que tenga un valor entre las artes es embarcado hacia Francia y como ejemplo de esto, en mayo de 1796, el General Bonaparte comunica a su ejército y al Directorio: "Mañana parten hacia París 20 magníficos cuadros entre los que destaca el célebre *San Jerónimo* de (Antonio Allegri) Correggio y pronto enviaré más obras de Miguel Ángel".

Con este proceder, Napoleón Bonaparte quiere ser reconocido como un gran soldado, el mejor de todos, además de hombre culto, amante de las bellas artes y protector de las misas, ya que en su mente desfilan los conquistadores romanos que hicieron lo mismo con las obras griegas, las cuales adoptaron, adaptaron, asimilaron e hicieron sus propias versiones. Así es el General corso, no concibe la destrucción como un fin inevitable, sino que se debe conservar lo más valioso de cada ciudad conquistada y qué mejor que a través de las manifestaciones de sus artes y artistas.

Tan es así, que adula a los autores que encuentra en su camino y les dice: "Haré todo por dar a las ciencias y a las artes una nueva vida y una nueva existencia. Quienes quieran trasladarse a Francia serán recibidos con todos los honores por el Gobierno. El pueblo francés da más valor a la adquisición de un notable matemático, de un pintor de fama, de un destacado personaje... que a la conquista de la ciudad más rica y populosa", ¡demagogia pura!, que sigue siendo el pan nuestro de cada día al inicio del siglo XXI.

Napoleón funde lo que él llama "el arte de la guerra" con el respeto por los vencidos. No tiene interés alguno en derrocar y destronar reyes y príncipes, perseguir y fusilar sacerdotes, derrumbar templos religiosos y mucho menos estando en la Italia fervorosamente católica, donde está la sede del Vaticano; conoce perfectamente la gran devoción de sus habitantes y no desea sublevar a un pueblo por atacar sus símbolos religioso, que si bien han sido conquistados, la ofensa religiosa puede inyectar nuevos bríos a los vencidos y revertir derrotas en victorias, incluso, dice públicamente: "Respeto la propiedad y a las personas, respeto la religión del pueblo: Esto es lo que piensa la República francesa y el victorioso ejército de Italia", más claro no puede serlo.

Napoleón sabe mediar según las circunstancias y lo mismo es suave que amenazador, cede para obtener más de lo que da y con bellas palabras para coaccionar a los demás; así es como logra la pacificación de Italia, estableciendo una importante paz con el Papa Pío VI, a quien adula diciéndole que le tiene mucha veneración y está de acuerdo con sus políticas.

También estabiliza a Nápoles, funda la República Cispadana al unir territorios de Módena con delegaciones pontificias de Bolonia y Ferrara, teniendo como documento fundamental la Constitución francesa, y así extiende hasta Italia la fuerza de la revolución de su país.

A Napoleón no le gusta perder el tiempo menos le gusta que se lo quiten o que lo obstruyan en su labor expansiva y de conquista del mundo, por esto, el 14 de agosto de 1796, envía otra carta al Directorio Ejecutivo para dar a conocer su muy personal y exigente punto de vista sobre los Generales que están de servicio en el ejército francés, aclarando además, que pocos de ellos pueden serle de utilidad. Aquí, ya no habla de que le sean serviciales a Francia sino al ejército que está bajo su mando.

Termina por decir que: " (Todos) han cumplido bien sus deberes que se les han asignado hasta el momento: pero el ejemplo del General Despinoy, quien hizo un excelente trabajo en Milán y le fue muy mal como jefe de su división, me lleva a juzgar a los hombres sólo con base en su desempeño real".

Así de tajante se ha vuelto el general Bonaparte, ya no busca amigos entre el ejército francés sino posibles candidatos para ocupar cargos importantes bajo sus órdenes, y al mismo tiempo insinúa que si él es quien califica, es él quien debe tener a todo los soldados bajo sus órdenes, sin embargo, da un paso a la vez, no se precipita y continúa manejando a los miembros del Directorio a su antojo.

Segunda etapa de conquistas

Mientras los miembros del Directorio se regodean con las piezas de arte y oro que Napoleón les envía, éste sigue con sus batallas de expansión de la revolución, aunque en realidad es su campaña de engrandecimiento, a través de las armas empezará a escalar los peldaños que lo llevarán hasta la cima, a lo máximo que puede aspirar un genio militar

Rívoli, una de las batallas decisivas.

como el de Bonaparte, simple y llanamente: ¡la conquista del mundo!

Logra un triunfo excelente en Rívoli el 14 de enero de 1797. Vence en el Tagliamento el 16 de marzo. También lo hace en Mantua en donde Lecomte presenta a los defensores de la ciudad, misma que abandonan en un lastimero y tortuoso desfile frente a las banderas de los vencedores y ante la humillante rendición del General Wurmser y sus hombres el 3 de febrero de 1797. Tiene una muy sangrienta lucha en Arcole y con movimientos rápidos y certeros llega hasta Semmering, a 90 kilómetros de Viena, en Austria, por lo que se dispone a atacar sin piedad a los odiados austríacos, quienes temerosos, ponen al mando de su ejército al archiduque Carlos, el militar con mayor capacidad del Imperio Austríaco, que lo hace contra su voluntad, ya que al analizar la situación, vislumbra que no tiene ninguna posibilidad de vencer al General corso.

Inicia la desigual contienda y el archiduque decide llevar a cabo una retirada con más pena que estrategia, sabe que los Alpes Julianos no pararán a los franceses y para mayor vergüenza del ejército austríaco, los habitantes de Carintia, Istria y Carniola son apasionadamente orgullosos de su origen y enfrentan a los soldados del General corso y esto es un gran motivo de orgullo para él, ya que sabe apreciar el valor en los hombres, por lo que se dirige a ellos diciéndoles que los franceses no van en plan de conquistadores ni mucho menos se atreverán a tocar sus sentimientos ni las instituciones religiosas, las costumbres ni las tradiciones, y aunque logra un primer impacto, no convence a los austríacos de que depongan sus armas.

Napoleón sopesa la situación, sólo cuenta con su ejército porque no recibirá ayuda del que está en el Rin, sabe que está lejos aún de llegar hasta el corazón de Austria, y debe iniciar las marchas forzadas sin descuidar las líneas de un posible ataque enemigo. Mientras avanza lentamente tiene una brillante idea, utiliza su retórica y bien cimentada demagogia para tratar de evitar la pérdida de muchos soldados de su ejército, aunque logre finalmente la victoria.

El 31 de marzo de 1797, envía una carta al archiduque Carlos desde Klagenfurt en donde exalta las enormes virtudes de lograrse la paz, por lo que, de entrada, pregunta: *¿Por qué seguir luchando? ¿No hemos matado bastante gente, no hemos infligido a la humanidad doliente bastantes calamidades? ¿No es Inglaterra la culpable de todo? ¿Seguiremos degollándonos mutuamente por los intereses y las pasiones de una nación que no ha sentido en su carne las calamidades de la guerra? Por último, Si esta declaración sirviera para conservar la vida de un solo hombre, más orgulloso me sentiría con la corona cívica que por ello creo merecer, que con la triste celebridad que pueden deparar los triunfos bélicos.*

Una excelente pieza de convencimiento para un militar que no sólo es eso sino la máxima autoridad austríaca, y el archiduque Carlos, al leerla, acepta en términos generales las propuestas de Napoleón, aunque sin ofrecerlas directas y concretas; pero la experiencia de Bonaparte al observar que Austria está aislada de Europa, que la población está harta de la guerra y que en el reino hay un caos tremendo, apunta a que el archiduque, heredero al trono, acabará cediendo ante el ejército francés, y aún más, el mismo ministro de Asuntos Exteriores, Thugut, un gran arengador de la guerra, está dispuesto a ceder para evitar más muertes inútiles.

Bajo estas circunstancias, el 18 de abril de 1797 se firman en Leoben los acuerdos preliminares de la paz. Napoleón Bonaparte y su disciplinado, motivado y entrenado ejército han ganado la guerra, firma la paz aún sin el consentimiento del Directorio, cuyos miembros se enojan seriamente con él. Consideran que no obtiene mayores ganancias con la rendición de los austríacos, aunque el General defiende la mesura, la razón política y militar, y se sabe que está en una ventajosa situación ante los franceses y los mismos austríacos; y además, la opinión pública le es favorable y contra esto, no hay gobierno que pueda, sobre todo cuando es débil y tambaleante como lo es el Directorio.

3

Esplendor de Napoleón

Mucha de la debilidad de los gobernantes franceses se debe a que la oposición está cobrando una fuerza que parece incontrolable después de obtener un gran triunfo en las elecciones para las Constituyentes, y como los miembros del Directorio están divididos y cada quien jala para su conveniencia, los triunfos de Napoleón son oro puro porque son los que los mantienen en el poder.

Sin embargo, esto lo sabe perfectamente bien el General corso, ya que mientras en Francia las fuerzas políticas entablan una ardua lucha por el poder, él vive como príncipe en el palacio de Montebello, en Milán, poniendo orden en todos los aspectos de su pequeño reinado. Está muy contento, y su felicidad es completa cuando por fin, después de mucho insistirle a su esposa Josefina, logra convencerla de que esté a su lado, agregando que su madre también pasa una temporada al lado de su hijo, y, ¿para qué preocuparse de lo que ocurre en Francia si tiene la dicha completa en Italia?

Pero desde luego no deja de estar atento a lo que acontece en Francia, mientras continúa con sus pláticas de paz con los austríacos. Este asunto, más lo que llega a leer en los diarios, ponen en alerta al general y por esto envía una carta dirigida al Directorio Ejecutivo el 15 de julio de 1797, en la cual muestra dos grandes preocupaciones: los alarmantes sucesos que se dearrollan en París y la influencia extranjera en los mismos; y el peligro que corre la República si no se pone un fin a todo eso.

¡Otro golpe genial del general corso!, pues en esta larga misiva informa, por un lado, sobre sus negociaciones de paz con Austria, por otro, insta a los miembros del Directorio a un autogolpe de Estado para evitar la supuesta muerte de muchas miles de personas; en un tercer lugar, presiona para censurar al medio de información de mayor influencia en la Europa de ese tiempo, los periódicos, y de destruirlos si es necesario. Otro punto es la xenofobia, es decir, la eliminación de extranjeros, que "sólo perjudican a Francia", y finalmente, para cerrar con broche de oro, presiona al Directorio con renunciar a su cargo si los asesinatos, sobre todo políticos, no cesan en París.

Toda una estrategia política en unas cuantas líneas escritas en una carta en la que, aparentemente, sólo informa de algunas actividades desde donde se encuentra, en Milán.

Conocedor de los problemas que afronta el Directorio y de que éste necesita del ejército de Napoleón para sostenerse en el poder, el 18 de Fructidor, es decir, el 4 de septiembre de 1797, se da un golpe de Estado, en el cual queda en magnífica posición la parte radical encabezada por el vizconde de Barras. Este puede sostenerse, a su vez, gracias al apoyo que el mismísimo general Bonaparte le brinda. El Directorio, agradecido, sigue las instrucciones del corso, destacando en la lista de las deportaciones a Lazare Nicolás Marguerite Carnot, organizador de catorce ejércitos de la República, al mando de más de ¡un millón de hombres!, y al general Charles Pichegru, quien se distinguió al frente de los ejércitos del Rin, el Mosela y del Norte, en la conquista de los Países Bajos. Los dos, son enemigos declarados de Napoleón Bonaparte.

Mientras tanto, el General continúa en Milán apresurando la paz definitiva con Austria, tomando en cuenta que no desea que se concrete sin su presencia y participación, y se dedica de lleno a ello una vez que se ha aclarado la situación política en París. Negocia con el hábil diplomático y conde, Ludwig Cobenzl, pero de diplomacia a diplomacia,

Napoleón ha aprendido mucho y el conde austríaco no encuentra por dónde lograr un acuerdo de paz equitativo o hasta beneficioso para su país, por lo que en muchas ocasiones, después de varias horas y hasta días de discusión, las pláticas no logran avanzar en lo más mínimo.

En otras ocasiones, la situación es tan tensa que están a punto de enfrentar nuevamente a los ejércitos en una batalla en la que ambos sufrirían muchas bajas; el austríaco quiere que le regresen lo perdido y el francés no desea ceder ni un metro de lo ganado en batalla.

El conde no entiende las intenciones de Napoleón, el dominio total de la península itálica por parte de Francia, por lo que mantener los ríos Adigio y Por como límites territoriales o fronteras es un punto que el francés no está decidido a negociar siquiera, por lo que el conde Cobenzl pregunta con enojo.

—¿Cuál es la finalidad de estos límites para nosotros?

—Sencillo –contesta el general francés– la de impedirles a ustedes ser los amos de Italia. Aunque reconozco que si intenta cualquier otra acción, merece ser llevado a la guillotina.

—Y usted también merecería ser encarcelado si no se opusiera a la entrega de Maguncia y de la orilla izquierda del río Rin a Francia.

Lo curioso es que los dos reconocen los puntos de vista del otro y saben que esto puede llevarles mucho más tiempo del esperado, pero así son las discusiones diplomáticas y de paz entre estos dos estrategas de las palabras y los convenios.

La astucia napoleónica gana importantes adeptos

Pero no hay punto de reposo en la agitada vida del General Bonaparte ya que está atento y al pendiente de todo lo que ocurre en Francia y el resto de Europa, por lo que no puede dejar pasar de largo la situación de Génova, misma que en octubre de 1796 es obligada a firmar un tratado admitiendo una guarnición francesa, cerrando sus puertos a barcos ingleses y a pagar una fuerte indemnización, por lo que en mayo de 1797, hay un levantamiento en el que, nuevamente, es sometida así como obligados sus gobernantes a firmar otro tratado el 6 de junio de ese año, transformando a Génova en la República de Liguria.

Pero Napoleón no se conforma con poco, sabe hacer aliados más que amigos, y qué mejor que conseguirlos a través de los líderes religiosos, como el mismo arzobispo de Génova, a quien le dirige una carta el 10 de septiembre de 1797 en donde no muestra ningún rubor para llenarla de alabanzas y entrometerse impunemente en la sucesión apostólica.

En ella exige con palabras amables que se tomen en cuenta sus "sugerencias" sin ofender a su interlocutor, y esta actitud, en la actualidad, la denominan asertividad, es decir, cómo lograr que los demás hagan lo que uno quiere, sin que se sientan ofendidos o manipulados.

Pero Napoleón lo mismo habla de cuestiones religiosas que de la redacción de la Constitución de Francia, y esto se puede ver en una pieza que es una aportación al conocimiento de la conducta humana y que fue enviada el 19 de septiembre de 1797 al Ministro de Relaciones Exteriores, Charles-Maurice de Talleyrand-Perigord, en donde le describe varias de las formas de gobierno que debe tener Francia y que años después serían adoptadas en muchos países del mundo, incluso, actualmente existen naciones que a las siguen manteniendo.

En la pieza a que se hace referencia, Napoleón define claramente las atribuciones de los tres poderes del Gobierno, principalmente los del ejecutivo y legislativo y esto es un gran adelanto en la construcción de lo que se denominará posteriormente como Democracia.

Por fin la ansiada paz en Austria

En tanto, a mitad de octubre de 1797, el General Bonaparte hace saber al nuevo Ministro de Relaciones Exteriores, Charles-Maurice Talleyrand-Périgord, que ha presentado al señor Thugut una visión de la guerra parecida a la cabeza de Medusa, para lograr convencerlo de que acepte todas las condiciones del tratado de paz entre Francia y Austria, y así lo logra: la paz es un hecho y se firma en Campoformio, sobresaliendo las condiciones de que, lo que se ha ganado por las armas es propiedad del nuevo dueño, y que el que perdió terreno por la misma vía, se conformará con esa pérdida. A pesar de estas condiciones adversas para los austríacos, la noticia de la paz se toma con mucho júbilo en las dos naciones.

El Tratado de Campoformio estipula que Francia conserva los territorios conquistados, en los que Bonaparte funda, en 1797, las Repúblicas Cisalpina (Venecia), Ligur (Génova) y Transalpina (Lombardia), y fortalece su posición en Francia enviando al Tesoro millones de francos.

El entusiasmo de Bonaparte por este triunfo, sin mediación de las armas, y sí gracias a su sagacidad diplomática y militar, lo llena de alegría, tan es así, que hace saber a los integrantes del Directorio que si se explotan inteligente y adecuadamente las actuales condiciones de Francia con el resto del continente, lograrán que sea la nación más grande en todos los sentidos, y el árbitro regular de Europa, al respecto comenta: *"De ser voluntad del destino, no veo la imposibilidad de que en pocos años se alcancen aquellos grandes objetivos que acaricia una imaginación inflamada y entusiasta, pero que únicamente los conseguirá la razón más fría, tenaz y calculadora"*. (Desde luego, se refiere a la suya).

Con esto, el corso da a entender al Directorio que ellos no poseen esas cualidades y discretamente, casi sin poder percibirse, les dice que él sí las tiene. Astuto, tremendamente astuto, sobre todo tomando en cuenta la importancia que ha cobrado no sólo en el ejército sino en el mismo Gobierno, no es posible, de ninguna manera, que lo ignoren y mucho menos, no tomarlo en cuenta en las decisiones importantes de Gobierno.

Tan es así que el General accede a asistir a París por una invitación que los miembros del Directorio le hacen en diciembre de 1797, y además, es recibido con grandes muestras de júbilo, cariño y como lo que es, ¡un triunfador! En las reuniones a las que acude hay recepciones con la asistencia de gente de mucha importancia dentro de la sociedad, y enormes manifestaciones de la gente común francesa. Napoleón ocupa un gran lugar, uno espectacularmente importante, en el corazón del pueblo, tal vez, ni en sus mejores momentos de egolatría hubiera imaginado esta bienvenida a su segunda patria, Francia, que pronto será la primera y única.

Pero así como es recibido con mucho entusiasmo por unos, es mal visto por los integrantes del Directorio, con odio y rencor, y más, porque el General, dirigiéndose a los franceses les dice que "En cuanto la felicidad del pueblo francés se base en mejores leyes orgánicas, toda Europa será libre". Golpe directo a los pasivos miembros del Directorio y a sus leyes obsoletas que han rebasado su momento histórico, y es necesario renovarlas; por otro lado, para él, Europa es Francia extendida por todo el continente y dominada por una mente brillante y audaz como la suya.

La astucia del General Bonaparte va mucho más allá de las manifestaciones de cariño y hasta de idolatría de los franceses, sabe que lo hecho pronto caerá en el olvido y la gente solamente recuerda lo reciente, lo que le produce gusto y alegría, por lo tanto, en su mente da vueltas la idea de acabar, de una vez por todas, con la supremacía y lo victorioso del ejército inglés.

Conquistar Equipto
para llegar a Inglaterra

Cuando Napoleón está listo para actuar diplomáticamente en el Congreso de Rastatd y negociar el monto de la indemnización de los príncipes alemanes, en caso de ceder éstos sus territorios a la orilla del río Rin, los integrantes del Directorio quieren que el corso se aleje de allí para no sufrir todo tipo de presiones por parte del militar una vez firmados los acuerdos.

Le encargan entonces la "fácil" tarea de invadir Inglaterra y él, después de estudiar y ver todas las posibilidades para este posible ataque, se convence de que la invasión y aniquilación de sus odiados rivales es punto menos que imposible, palabra que el militar francés ha desechado de su vocabulario por considerarla sólo una excusa para no dar el mayor esfuerzo en la consecución de metas.

Decide que entre la invasión directa, que es ir claramente al fracaso, es algo que él evitará las veces que sea posible. O bien puede conquistar Hannover, origen de los monarcas ingleses, sin embargo, está respaldada y garantizada su neutralidad por Prusia, por lo que únicamente queda el ataque a través de Egipto, y esto no es gratuito, ya que lleva cuádruple intención: una, romper un puente entre los continentes africano y europeo controlado por los ingleses; dos, la codicia de Napoleón, quien ya tiene a los egipcios entre sus planes de anexión desde hace varios años; tres, desquitarse de los ingleses por las colonias americanas de las que fueron despojados por los mismos británicos; y cuatro, apoderarse del Mediterráneo oriental.

Existe una oculta y muy personal quinta intención en Bonaparte, que con su extraordinaria fantasía y el gran poder de llevarlas a cabo, le envuelven la cabeza con escenas que desde pequeño han danzado en su mente. Se imagina emulando, y hasta superando las hazañas de Alejandro Magno y de César, quienes llegaron hasta estas tierras del

Nilo para expandir y conquistar el mundo conocido de sus respectivas épocas, y, ¿por qué no? Napoleón también desea y quiere hacerlo. Tan es así, que comenta que el Oriente es cuna de toda gran gloria ya que este especial firmamento, el horizonte, las costas, los nombres de las ciudades, la lenguas de los pueblos, son amplios y deslumbrantes, tanto que allí un mortal puede convertirse en dios.

Pues bien, si los miembros del Directorio creen hacerle un mal a Napoleón alejándolo de Francia, sólo alimentan más su ambición y eterna sed de conquistas, y una vez tomada la decisión, más individual que por el Directorio, el General corso parte de París el 4 de mayo de 1798 para reunirse con su flota de 35,000 soldados y 400 barcos, saliendo del puerto de Toulon hacia Egipto, el 19 del mismo mes y año.

En esta ocasión, aparte de un gran ejército, se hace acompañar de un selecto grupo de científicos, ingenieros, escritores, pintores y dibujantes, contando entre sus filas al matemático Gaspar Monge, conde de Péluse, creador de la geometría descriptiva y al químico Claude-Louis, conde de Berthollet. Quiere que la expedición no sólo sea militar sino también científica. Tratará de arrancarle a Egipto una parte importante de su historia y de sus tesoros.

La buena estrella de Napoleón está presente nuevamente, porque lo que aporten los científicos al mundo será de tal trascendencia que no deberá interrumpirse en esta incursión. Esto viene a memoria, porque el almirante inglés Horacio, vizconde de Nelson, sigue de cerca la pista a cualquier movimiento extraño que hacen los franceses y más tratándose del General Bonaparte.

Al saber que Napoleón se ha embarcado con gran despliegue de fuerzas y armamento, el almirante británico quiere echar a perder cualquier acción que emprendan los franceses, aun desconociendo la razón de sus movimientos. Los estudia, trata de adivinar la ruta tomada por los enemigos, y cuando les tiende una emboscada, se desata una violentísima tormenta en un día en que no se auguraba siquiera alguna posibilidad de lluvia por lo que debe dispersar su flota en puertos sardos; lamentablemente para el inglés, después de la tempestad se tienen que hacer reparaciones a las embarcaciones más dañadas y para cuando se vuelven a hacer a la mar, la flota de Napoleón ya ha rebasado la línea de peligro y lo único que le queda al almirante Nelson es decir: "¡Los hijos del diablo tienen la suerte del diablo!", y por más que trata de ubicar a las tropas napoleónicas, no lo logra.

En tanto, el General corso, al estar en el otro continente, de pasada, se apodera de Malta y desembarca sin el menor contratiempo el 1 de junio de 1798 en Alejandría, cuyo nombre le recuerda las grandes hazañas del Magno conquistador. No desea enfrentamientos inútiles y se dirige a los egipcios más como amigo que como conquistador; una vez más, trata de ganar adeptos al decirles que está allí como aliado del Padischad, como libertador de los mamelucos, como adorador de su Dios y profeta Alá, como destructor del Papado y de la Orden de Malta; pero los mamelucos no se tragan el cuento y se oponen, por lo que son totalmente aplastados por el ejército francés.

Maravillas de Egipto

En su primera visita a las pirámides de Egipto, el General queda maravillado de estas construcciones y de otras zonas arqueológicas. Una de las mayores aportaciones durante la expedición, es el descubrimiento de la llamada Piedra de Rosetta, un bloque de basalto con un texto grabado en tres escrituras diferentes, griega, demótica y jeroglífica, descubierta en 1799 por el capitán Bouchard cerca de la ciudad que le da su nombre a la piedra, la cual será un precioso elemento en las investigaciones para interpretar y descifrar los jeroglíficos egipcios.

La culminación de la batalla de las Pirámides.

Pero este paréntesis entre batallas sólo sirve para ilustrar que, tal vez, el Almirante Nelson no podía detener a los franceses, hasta que se descubriera y fuera trasladada a Francia la Piedra de Rosetta. A partir de este evento, la fortuna es para Nelson, el marino inglés quien por fin ha dado con la flota francesa que está anclada en la rada de Abikir, y sin vacilar, se dirige inmediatamente a ella en un ataque sorpresivo y total, destruyendo gran parte de la flota gala, y de paso, corta la única posible vía de escape del General Bonaparte.

Pero a Napoleón no es posible derrotarlo con un ataque, se requieren muchos más hombres y valor para vencerlo; se interna en Egipto, organiza al país, les decreta una Constitución, funda el Instituto del Cairo, fomenta las exploraciones, y finalmente, trata de romper el cerco que se cierra sobre él llegando hasta Siria, no sin antes sufrir severas y graves pérdidas humanas y materiales

Napoleón admite sin rodeos que su expedición punitiva en Egipto es un fracaso y lo asimila como si fuera una victoria, lo atesora en su mente y corazón, y siempre le servirá de referencia en cada nueva expedición militar que emprenda en el futuro.

Por mientras está en Alejandría, desde donde comprende que la invasión en Egipto no sólo ha traído una grave derrota para Francia, sino que ha servido de estímulo a sus enemigos para tratar de sacudirse el dominio francés en Europa, desencadenándose una serie de sucesos que hacen tambalear a los galos.

Para empezar, se declara la Segunda guerra de coalición en la cual los austríacos se dejan ganar por los ingleses; Pablo I de Rusia, enojadísimo con los franceses por apoderarse del Mediterráneo oriental, también mueve sus ejércitos, y hasta Turquía cambia sus planes de paz por los de guerra: El rey Borbón de Sicilia, Nápoles, se une a la alianza y el inglés Nelson puede anclar en todos estos puertos del continente sin ninguna restricción.

El dominio francés se ha desbaratado en Italia, y rusos e ingleses desembarcan en Holanda, en tanto que un regimiento ruso llega hasta Suiza y colabora con los austríacos, es decir, Francia se tambalea en sus dominios y ahora temen una posible invasión de esta coalición de ejércitos europeos.

Mientras esto sucede, el General Bonaparte desde Alejandría se entera de todo a través de los periódicos y de una carta que su hermano José le hace llegar después de una travesía de muchos obstáculos. En la misiva, le dice que ya es hora de que regrese, que Francia no puede lidiar el temporal de una gran guerra, y antes de retornar a su patria, Napoleón consigue una importante victoria, el 25 de julio de 1799, sobre un ejército compuesto por soldados turcos e ingleses, apenas desembarcados en el puerto de Abukir, dándole un poco de honor a las alicaídas armas francesas.

Una vez más Napoleón hace lo que quiere y decide nombrar como su sucesor en ese puerto de Abukir, al General Jean-Baptiste Kléber, quien un año más tarde derrotará a los turcos en Heliópolis y se apoderará de El Cairo, para finalmente morir asesinado ese mismo año.

La noche del 22 de agosto de 1799, el General corso abandona Alejandría junto con sus mejores oficiales y los científicos sobrevivientes, como Monge y Berthollet. Así llega hasta el puerto francés de Fréjus sin que la flota del inglés Nelson se percate de ello y pueda interceptarlo.

El 9 de octubre, miles de franceses se arremolinan para recibir a Napoleón como un héroe y como el único que puede devolverle a Francia su honor y gloria esplendorosos, haciendo de su traslado hasta París una verdadera caravana triunfal.

Un golpe de estado y a empezar de nuevo

Por toda Francia se festeja el regreso del General Bonaparte, mucha gente del pueblo lo ve como el único que puede salvar a su país no sólo de la ruina y mal gobierno, sino hasta de posibles invasiones de ingleses y austríacos, principalmente.

Afortunadamente para el corso, en los frentes de guerra que tienen abiertos los franceses, las situaciones se han estabilizado y tienden a lograr mejorías, pero no por la intervención del ejército franchute, sino porque las diferencias son cada vez más grandes entre los aliados ruso-austríacos.

Una vez más, la visión de Napoleón para sopesar acertadamente la situación política francesa, le permite que tome su paso de retorno a París con una calma poco común; hace ver al pueblo y a los gobernantes que su interés no es político, y esconde muy bien la personal y ambiciosa ansia de poder. El General está consciente de que el Directorio no puede hacer nada sin su presencia y opinión, aunque dentro del mismo grupo gobernante tiene muchos enemigos, declarados o disimulados, pero enemigos al fin.

En las calles y cafés políticos, lugares comunes para la mayoría de la gente del pueblo, se discuten de varios temas desatacando el regreso de Napoleón; los ineludibles cambios en la Constitución revolucionaria y el descontento por la pésima situación política, económica, militar, legislativa y sobre todo, social, dan pie a que cualquier persona, bien o mal intencionada, haga presa de especulaciones a los demás si no es que son acusados de oportunistas e inmorales.

En general, las condiciones sociales de la Francia de 1799, son los ideales para promover y lograr llevar a la práctica un cambio radical que imponga el orden en todos los aspectos de la vida de los franceses: cambiar la libertad ganada a costa de muchos muertos por orden, seguridad y estabilidad, y muchos voltean a mirar, sorpresivamente, no a Napoleón, sino a un pilar de la revolución, Emmanuel-Joseph Siéyès, un eclesiástico, hombre de Estado y hasta publicista. Él es uno de los muchos que votaron para que Luis XVI fuera decapitado en 1793, es miembro del Consejo de los Quinientos y diputado del Tercer Estado en los Estados Generales; también es un célebre teórico que en poco tiempo inspirará la Declaración de los Derechos del Hombre y autor de la obra *¿Qué es el Tercer Estado?*

Inevitablemente, en breve, se dará un encuentro entre Siéyès y Bonaparte. Mientras, éste último, en cuanto tiene el foro y quórum suficiente para hablar, lo hace y en ¡qué forma!, aunque todos saben que su discurso va dirigido a una sola persona, el vizconde de Barrás. Napoleón dice en su reclamación: *¿Qué han hecho de aquella Francia espléndida que les dejé? Les di victorias y me encuentro con derrotas. Les entregué los miles de millones de Italia y ya no hay más que miseria y leyes para el despojo. ¿Qué han hecho con mis compañeros de gloria, los cientos de miles de franceses que yo conocí? ¡Todos están muertos!*

Con esta arenga Napoleón dice lo que el pueblo quiere escuchar: alguien que tome las riendas y sepa dar gloria y bienestar a Francia, misma que hasta ahora no ha podido consolidarse después de la revolución, y que permite al General corso vislumbrar la enorme posibilidad de llegar al poder y no tener que rendir cuentas a nadie de sus planes a futuro en los corto, mediano y largo plazos.

Es por esto que, coincidiendo con Siéyès, éste y Napoleón pronto se unen para empezar a hacer y deshacer con los actuales líderes de los poderes Ejecutivo y Legislativo, éste último integrado por quinientos diputados. Sin embargo, el General corso sabe que no es el momento adecuado para tomar el poder abiertamente, y al reunirse con Siéyès, le manifiesta que él es la cabeza y que el militar es el brazo ejecutor de lo que piense la misma cabeza.

El ajedrez político y militar está en juego, y parece que los únicos que pueden jugarlo con audacia e inteligencia son la mancuerna Siéyès-Napoleón, aunque, en esta ocasión, precisa de la intervención de su infiel esposa Josefina, de quien no se ha divorciado porque cada vez que lo intenta el militar, ella sabe cómo conmoverlo y convencerlo con supuestas lágrimas de arrepentimiento. Por ahora, eso será utilizado astutamente por Bonaparte.

El famoso 18 brumario

Después del desgaste que en todos los niveles ha sufrido Francia, Napoleón Bonaparte, como buen militar, sabe que la única forma de llegar al poder es a través de un golpe de Estado, sin embargo, va con calma, analiza todos los posibles escenarios y consecuencias, sopesa con quién puede contar y con quién no.

Así, el 18 Brumario del año IX, es decir, 9 de noviembre de 1799, los Constituyentes o miembros de las cámaras, la de los Quinientos y la de Ancianos, son trasladados al poblado de Saint Cloud para evitar una supuesta conspiración por parte de los jacobinos. El traslado se lleva a cabo sin sobresaltos ya que el encargado de la seguridad de los legisladores es el mismo Napoleón, quien, en su mente, va encajando todas las piezas para en el momento más adecuado, dar el golpe final y eregirse como el nuevo monarca de Francia.

Pero el General corso no cuenta con que su hermano, Luciano, es designado para presidir el Consejo de los Quinientos, no está en

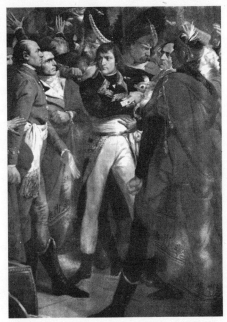

La Sesión de los Quinientos

el guión de Bonaparte, pero esto, a su vez, puede ser un magnífico golpe de suerte, ya que durante la sesión y entre gritos de "abajo los tiranos" dirigidos por los diputados con dedicatoria especial a Napoleón, Luciano evita que el General sea condenado a la expulsión del ejército y del país; también permite ver la fidelidad que le guardan las fuerzas armadas y cómo se han precipitado los acontecimientos. Napoleón irrumpe en la sesión haciendo sonar estruendosamente los tambores de la milicia francesa, quienes entran al recinto con las espadas fuera de las vainas.

Luciano Bonaparte, asustado por el giro que han tomado los hechos y temeroso de que le hagan daño a su hermano, sale del lugar para ir por el cuerpo de granaderos y proteger a Napoleón.

Una sublevación como ésta no es nada fácil, ya que varios diputados enfrentan a Napoleón desafiantes y hasta temerarios, retándolo a hacer un acto cuya finalidad es crear mártires, y terminar siendo repudiado por el pueblo. Pero en el momento en que el General Leclerc irrumpe en la violenta Asamblea de las Cámaras, muchos de los más osados miembros de los Quinientos salen corriendo, pisoteando a quienes están en el suelo, e incluso, ¡saltando por las ventanas!, olvidando aditamentos de sus ricas vestiduras, tales como bonetes emplumados, mantos y hasta joyas.

El caso es que ese 18 Brumario, según el calendario galo, pasa a la historia, no sólo de Francia sino de Europa y del mundo, como el día en que se da el golpe de Estado en Francia, y en el que la República, creada después de la Revolución, ha dejado de existir.

Arrepentimiento de Siéyès

Cuando Emmanuel-Joseph Siéyès se da cuenta de los acontecimientos derivados del fatídico 18 Brumario año IX, y de cómo Napoleón domina y dispone de todo cuanto debe hacer un gobernante del país, su desengaño es mayúsculo, pues pensaba que él sería el elegido para regir de ahora en adelante el destino glorioso de Francia. Él había ideado un sistema constitucional que uniera todas las fuerzas políticas en forma sutil que aseguraran un Poder Ejecutivo mucho más fuerte, pero que estuviera muy lejos de un posible peligro de dictadura.

Siéyès ideó un directorio regido únicamente por tres Cónsules, mismos que estarían a cargo de los Ministerios del Interior y del Exterior, y el tercero, de la representación, como consecuencia de un sistema electoral que llevara el título principesco de "Gran Elector".

Lo peor es que Emmanuel-Joseph Siéyès tiene que rendirse ante el poder que ya detenta Napoleón, pues no hay nadie que quiera oponerse al General, o al menos, no lo hacen abiertamente, sin embargo, lo que más lo ofende, son las burlas del mismo General Bonaparte por estos planes y formas de gobierno de un país, ya que le dice se deje de tanta metafísica política y de estar atento de los holgazanes reales, ya que no desea ni quiere ser el eunuco de la República.

Napoleón Bonaparte llega hasta la cúspide de su país casi sin haber hecho un esfuerzo mayor, pero no le basta alcanzarla por el uso de la fuerza militar y de las armas de éstos, sino que desea ser elegido constitucionalmente; el problema es que la Constitución de este tiempo es sólo una más, y ya ha sido rebasada desde hace mucho.

Decide entonces que se debe crear otra Constitución, la del 22 del Frimario del año VIII, es decir, 13 de diciembre de 1799, que da legitimidad al golpe de Estado del 18 Brumario. En ella, se establece que el Poder Ejecutivo estará a cargo de tres cónsules nombrados para un periodo de ¡diez años y con la posibilidad de ser reelegibles! Esto representa otro golpe de Estado, sólo que ahora constitucionalizado, ya que, en la realidad, todo el poder está en un par de manos y una cabeza: las de Napoleón Bonaparte.

Para no denostar a Siéyès y que los demás se burlen de él, el corso acepta varias de las propuestas democráticas que le son sugeridas por aquél, es más, multiplica las instituciones que la representan; pero como buen dictador (si este es un término bien empleado), las tiene bajo su estricto control, las debilita, les quita su esencia democrática y las ajusta a sus propias necesidades, por lo que, hacia afuera, es un gobierno democrático y para adentro, es la formalización legal y constitucional de su dictadura.

Una vez en el poder, Napoleón gana la confianza del pueblo, esperando éste sea para su bien. La oposición casi ha desaparecido, ya sea porque no se manifiesta abiertamente o porque el mismo General y ahora Cónsul, se ha encargado de ellos pues a 61 diputados se les ha retirado su acta que los acreditaba como tales; 20 más, junto con algunos jacobinos, han sido desterrados a la Guayana francesa, muy lejos como para poder hacer algo contra el corso, y los más, están hacinados en prisiones; esto únicamente refuerza que en toda revolución, las situaciones que las producen sólo hacen eso, dar una vuelta y regresar a las causas y condiciones que las originaron.

Y si hubo un rey que llegó a decir "El Estado soy yo" y le costó la cabeza, en este momento puede afirmarse, aunque el interesado no lo diga tan tajantemente, "La Constitución soy yo, Napoleón Bonaparte".

Nuevos juegos, viejos argumentos

Uno de los primeros actos del primer Cónsul Bonaparte es aparentar que quiere llegar a firmar un tratado de paz con sus más acérrimos enemigos: Inglaterra y Austria. Quiere que tanto los franceses como el mundo vean los "tremendos esfuerzos" que hace por lograr la paz para el continente europeo; lo "único" que exige es que sea sobre la base del tratado de Campoformio y para tal efecto, escribe una carta a su majestad, el rey de Gran Bretaña e Irlanda, la navidad de 1799, en la cual le ofrece, de manera confidencial y libre de formalidades, su contribución para establecer una paz general.

Con esta supuesta propuesta de paz Napoleón tiene dos propósitos muy bien definidos: primero, aparentar ante sus enemigos que él es quien la promulga y desea; y segundo tener tiempo de armar varios ejércitos que estén listos para el momento del combate, ya que tiene un escenario muy a su modo para justificar estas acciones bélicas, al aparentar el reforzamiento de sus fronteras con Alemania e Italia.

En estos dos puntos estratégicos, el General Bonaparte concentra la mayor parte de sus fuerzas, pero está armando y preparando en Borgoña una tercera tropa para entrar en combate cuando se necesite y esta previsión le será muy útil en pocos meses, cuando haya más enfrentamientos entre los franceses y sus enemigos.

Continúa la crítica y censura a la prensa

En tanto que Napoleón madura plenamente sus planes expansivos y de guerra, quiere tener bajo control la crítica de los directores de obras de teatro y periodistas de los diarios que circulan en Francia, pues desde siempre le han sido muy molestos sus comentarios, la mayoría de las veces en contra suya, por ese protagonismo y belicismo que han causado la pérdida de muchas vidas de franceses inocentes, consideradas como pérdidas inútiles y que sólo han servido para aumentar el egocentrismo del corso.

Por lo tanto, le dirige una carta al ciudadano Joseph Fouchét, Ministro de la Policía, el 5 de abril de 1800, donde le enlista una serie de medidas de restricción y censura para editores de periódicos y panfletos y directores de obras de teatro; así como para sacar del territorio francés a emigrantes y posibles agitadores.

La situación es clara, Napoleón no quiere iniciar una guerra que pueda prolongarse durante algunos años sin antes poner orden, y sobre todo, un estricto control en lo interno, por eso le es imperante dominar, censurar o hasta desaparecer a los periódicos y periodistas que no le son afines; evitar en obras de teatro populares, la burla y hasta el escarnio de gobernantes y jefes militares, y por si no es suficiente, tener bajo estricto control a 50 inminentes inconformes con su accionar bélico y de egocentrismo para que, bajo cualquier pretexto, los haga arrestar y encarcelar evitando así que la opinión pública le sea adversa.

Inicio de otra guerra

A mediados de mayo, el ejército austríaco toma la iniciativa de lanzarse al ataque atravesando los apeninos y rechazando a los franceses al mando del Mariscal André Masséna, uno de los lugartenientes favoritos de Napoleón, y los acorrala en la ciudad de Génova, la cual es inmediatamente cercada por los ingleses.

Las noticias no le agradan de ninguna manera al General Bonaparte quien inmediato se hace cargo del ejército de reserva que tiene en la Borgoña. Sabe que la situación es muy difícil y complicada por la coacción de los militares austríacos e ingleses. Napoleón estudia un mapa de Europa y toma una histórica decisión: marchará de Dijon hasta llegar a los Alpes y los atravesará, tomando la ruta del Gran San Bernardo y del famoso conquistador cartaginés, Aníbal, considerada como totalmente inaccesible e impracticable; pero la palabra imposible no está en el vocabulario de Bonaparte, y emprende la larga y penosa marcha de una semana a través de caminos estrechos y empinados.

Pero esta estrategia rinde sus frutos de inmediato, ya que los austríacos no prevén esta temeraria acción y cuando se dan cuenta ya tienen a sus espaldas al ejército comandado por Napoleón. El 2 de junio de 1800 entra en Milán; y casi sin voltear a ningún lado, viendo siempre al frente, atraviesa el río Po; por su parte, el General austríaco Melas, por más que desea mantener su posición no lo logra y tiene que retirarse apresuradamente, cediendo ante el embate de los soldados franceses.

Las sangrientas batallas se suceden en diferentes frentes durante dos semanas y el 14 de junio del mismo año pelean en Marengo, Italia. Contrario a lo que supone Napoleón, el ejército francés pelea en forma dispersa y sin ninguna estrategia específica y aunque logran herir al General Melas, la herida no es de peligro, por lo que el austríaco ve con asombro que la victoria puede estar de su lado de un momento a otro, sin embargo, de manera inesperada e inexplicable cede el mando a su segundo en espera de recibir las noticias del triunfo austríaco.

Pero no es tan sencillo como cree Melas, ya que, otra vez, no cuenta con la participación de un General francés; ahora es Desaix quien acude urgentemente al llamado del corso para inclinar la balanza a favor de los francos. Napoleón convence a su ejército a que no se retire, que utilice su fuerza y la convierta en ataque; el cambio de la balanza es ahora favorable a los galos, y quienes optan por el retiro, más bien desbandada, son los austríacos, sufriendo una vergonzosa derrota y una humillación que le infringe la tropa del General Bonaparte.

Nuevamente aparece la buena estrella de Napoleón para darle todo el crédito de la victoria francesa, ya que el General Desaix pierde la vida en esta batalla y no hay nadie que contradiga al Primer Cónsul y General Bonaparte. A cambio de la vida de Desaix Napoleón alcanza, ¡por fin!, su encumbramiento, y asegura su posición al frente del gobierno francés: son dos privilegios que el corso debe al oportunismo, valor y arrojo del fallecido General francés.

La campaña militar de Napoleón inicia con muy buenos augurios, contando, desde luego, con la ayuda de la diosa fortuna por lo que el General Melas pacta el armisticio con Bonaparte ya que el ejército austríaco está disminuido, desmoralizado y casi sin armas ni municiones, mismas que el francés les concede con la condición de que abandonen Italia hasta el Mincio.

Otra vez Napoleón intentar aparecer ante el mundo como el ser humano que menos quiere la guerra, aunque interiormente la desea, tal vez más que a su infiel esposa Josefina. Siguiendo su costumbre, el 16 de junio, apenas un día después de firmada la rendición de los austríacos, le escribe una larga carta al Archiduque Carlos, su majestad, emperador y rey, bajo términos de aparente diplomacia, cuyo trasfondo encierra veladas amenazas, condiciones ambiguas e intereses que, por supuesto, favorecen al primer cónsul francés.

La misiva es una clara muestra del carácter manipulador y mentiroso de Napoleón Bonaparte, ya que para asegurar triunfos y posiciones logrados con las armas, con toda la amabilidad que posee, manifiesta al enemigo y al mundo que, según él, la guerra y las causas de ésta no son su responsabilidad ni de los franceses, sino de los "insaciables" enemigos, todos ellos encabezados y dirigidos por los ingleses, quienes son los verdaderos "disidentes" de Europa y del mundo, y es precisamente a ellos a los que hay que combatir.

No sólo quiere deshacerse de los británicos, sino que quiere acumular aliados para que no sean únicamente los soldados franceses los que sufran bajas, sino el resto de los ejércitos europeos que se unan a su "justa causa": la invasión y sometimiento de los ingleses a los intereses del Primer Cónsul de Francia, Napoleón Bonaparte.

El "Arte" de la guerra: según Napoleón

Las intenciones del General y Primer Cónsul francés son las de continuar con la expansión de Francia por toda Europa y más allá sí es posible, pero antes, tiene que resolver la paz definitiva con Austria, quienes no quieren ceder, y además, secretamente, negocian y estrechan relaciones con los ingleses; pero Napoleón no quiere dejar de operar la máquina de la guerra, y como un mensaje claro y directo a los indecisos austríacos, el General Jean Victor Moreau (quien algunos años después será un gran rival de Napoleón) logra una muy importante victoria al sur de Alemania venciendo al archiduque Juan de Austria, ya que en dos semanas de combate pierde a más de ¡12 mil soldados y 25 mil más son hechos prisioneros!, por lo que el 3 de diciembre de 1800, y mientras lo piensan los vieneses, el ejército francés marcha hacia Adigio.

El pueblo francés está jubiloso por la victoria de su ejército en Marengo, tan es así que el Cónsul Jean-Jacques Règis de Cambacérès considera que a lo largo de nueve años, éste es el primer gran júbilo popular espontáneo ya que los anteriores tuvieron la marca de la imposición o de la indeferencia, y además, este triunfo significa, aparentemente, la paz en el continente.

Pero las gestiones iniciadas en Lunéville el 5 de noviembre de 1800, no parecen resolver lo inmediato, que es la paz, por lo que la batalla se reinicia el 22 del mismo mes y nuevamente es el General Moreau, al frente del ejército en el Rin, quien se atrinchera en las riberas del río Inn. Tiene la paciencia y estrategia de esperar a los austríacos en el terreno que él desea destrozándolos prácticamente en Hohenlinden el 3 de diciembre.

Lo más sorprendente de este gran triunfo francés es que no se debe a la inteligencia y estrategia de Bonaparte como se ha hecho costumbre, sino a Moreau, quien no se regodea con su victoria sino que continúa avanzado a lo largo del río Danubio hasta llegar a estar a tan sólo 75 kilómetros de Viena, y antes de que ataquen los franceses, los austríacos solicitan urgentemente un armisticio para evitar muertes inútiles y la destrucción de su hermosa ciudad.

Atentado contra el corso

En el intermedio de estas negociaciones de paz, el pueblo francés vive una de sus mayores angustias, cuando siendo la víspera de la Navidad, es decir, el 24 de diciembre de 1800, Napoleón se dirige a la Ópera ya que necesita algunos momentos de distracción y además, desea hacer actos de presencia en otros escenarios distintos a los del Senado y los militares.

Sale de su casa, se apresta a llegar con tiempo a la Ópera y al poco tiempo de estar en camino, una máquina cargada con explosivos estalla dejando un fatal saldo de 22 muertos. El General salva la vida milagrosamente y lo primero que expresa una vez recuperado de la sorpresa es: "¡Sin duda fueron los jacobinos!", después de que él mismo se había declarado como uno de ellos.

Como esto también le da motivos Napoleón emprende una lucha radical no sólo contra los causantes del atentado, sino contra todos sus enemigos, que tal parece son más de los que la gente y él mismo creen. Para estos fines, el incondicional Senado expide rápidamente leyes y decretos a granel, incluso sin hacer caso en lo más mínimo a las pesquisas de la policía, a la cual no toman en cuenta para nada.

Así pues, se crean tribunales especiales para llevar a cabo las injustas leyes que permitirán al General corso empezar una era de terror que hace recordar las vividas no hace muchos años. Para Napoleón no hay izquierda ni derecha políticas, lo mismo actúa contra unos y otros; aprovecha la oportunidad de utilizar la "mano dura" que el Estado exige para conservar la "paz" y "tranquilidad" del pueblo francés.

Napoleón está iracundo ya que los diputados no son tan dóciles como los senadores y se oponen a muchas de las acciones emprendidas por él acusándolos de ser "metafísicos"(?)... "a los que debemos todo el mal... Debemos modificar la Constitución, ya que ésta debe ser hecha de tal suerte que no impida la forma de actuar del Gobierno ni obligue a éste a vulnerarla, por lo que no me dejaré atar de manos por 12 ó 15 metafísicos que debieron ser arrojados al mar, ya que son sabandijas con uniforme"; y en un arranque de "hijo de la revolución", amenaza a todos los diputados: "¡No toleraré que se me injurie tachándome de rey!"

¡Cuánta contradicción en estas últimas palabras! Es lo que él más desea, y no parará hasta conseguirlo aunque tenga que cambiar el apelativo de rey por el de emperador, simple formulismo.

Después de este gran enfrentamiento, se lleva a cabo una racia o purga de los Tribunales y de la Constituyente, incluyendo, desde luego, la expulsión de los "ideólogos" y la reducción de los miembros de los Tribunales a tan sólo 50, ya que dice el corso que "no es necesaria la oposición".

Una vez más el General corso hace lo que más le conviene, ya que cuando le sirvió el movimiento revolucionario se unió a él, después, al momento de crear una Constitución, está ahí para "colaborar"; y por si no es suficiente, cuando ya no le es necesario el Directorio, decide asestar un golpe de Estado para asumir el poder instaurando un régimen totalitario, en donde sólo cuenta una voluntad: la del Primer Cónsul, Napoleón. Ahora que ya está en el poder y no cuenta con el apoyo de la mayoría de los diputados y de los miembros de los Tribunales, de un plumazo casi los desaparece y les quita una gran cuota de poder. Estos son síntomas inequívocos de que al país está bajo el mando de un gran dictador.

Y como nuevo dictador que es y será por algunos años más, decreta una nueva Constitución, más acorde a sus necesidades personales de conservar la omnipotencia que a las de los poderes y del pueblo mismo, aunque trata de guardar ciertos formulismos para que no se le acuse precisamente de ser un dictador, por lo que que la nueva Constitución es elaborada y redactada por el Consejo de Estado, y ratificada por la Cámara de Senadores, es decir, el poder legislativo otorga legalidad a la imposición del poder ejecutivo.

Lo más sobresaliente de esta neoconstitución es la facultad que se otorga a Napoleón para poder designar a su sucesor. Es decir, se convierten en dueño absoluto del país, de las instituciones y hasta del pueblo y no hay, por el momento, poder humano capaz de oponerse a este monarca absolutista y lleno de vanidad, que ha logrado por la fuerza lo que nunca se hubiera atrevido a solicitar por las vías legales e institucionales, porque, seguramente, le hubiera sido negado.

Así, el corso Bonaparte se da el lujo de designar a los candidatos a senadores eligiendo a sus colaboradores y amigos más cercanos; firma pactos, reparte los cargos más importantes, incluyendo los de magistraturas menores, y tiene el derecho exclusivo de modificar o ampliar la Constitución cada vez que él quiera, ya que cuenta con una ley orgánica del Senado que le da esa facultad. Con todo esto, aunque Napoleón no lo dice, emula a uno de sus reyes anteriores, aquel que dijo "El Estado soy yo".

Cambios administrativos

Otros de los cambios más significativos decretados en la nueva Constitución francesa a nivel administrativo, destacan la sustitución de las provincias por la designación de Departamentos, divididos a su vez en Distritos y cantones, y eleva la auto-nomía administrativa a un grado muy alto, pero siempre dependiendo de la escala del poder de arriba hacia abajo; o sea los de abajo no tienen ninguna autonomía en nada y sus "decisiones" les son dictadas desde lo más alto del poder, es decir, por Napoleón Bonaparte.

Aunque en apariencia, y en el papel, el máximo organismo de poder debe estar regido por tres Cónsules: el primero, que ostenta el General corso, es quien maneja y manipulas a los otros dos, ya que es él quien designa a los que deben ocupar esos cargos, por lo tanto, son dependientes del Primer Cónsul.

Este mecanismo es aceptado por la Cámara de Senadores pues en la práctica de este gobierno absolutista hay orden, estabilidad y cierto progreso, tres factores que interesan mucho a los actuales dueños del dinero, los burgueses. Pero esto es sólo un paso, ahora Napoleón quiere quedar bien con la gente común, la del pueblo, y está preparando otro golpe maestro político con el cual someterá a su redil a uno de los más grandes poderes en el mundo: el clero católico-político-religioso.

Mientras tanto, el 9 de febrero de 1801 austríacos y franceses firman la paz en Lunéville, que en general ratifica la de Campoformio. Con estos nuevos triunfos de las armas y hasta en lo diplomático, Napoleón ha cimentado del todo su posición como máxima autoridad en Francia y territorios conquistados, que no son pocos, ya que ahora el país galo domina el río Rin, es decir, la totalidad de la parte izquierda, desde Basilea hasta la frontera con Holanda, y finalmente domina en Italia; están nuevamente restablecidas las repúblicas Cisalpina y Ligúrica, se ha anexado Piombino, quienes ya son parte del territorio de Etruria, que a su vez, están bajo el mando de Francia, y además, logra disminuir enormemente la influencia austríaca en Italia, tanto, que el Duque de Toscana y la familia de los Habsburgo ceden sus dominios.

A este tratado de paz se suman el rey de Nápoles, que hasta ese momento ha sido aliado de austríacos e ingleses, quien firma el 29 de marzo de 1801; y hasta el zar ruso, Pablo Primero, se retira de la lucha armada. Con esto, la peligrosa alianza formada con Inglaterra en 1798 está total eliminada; en principio se logra aislar, aunque sea militarmente, a los británicos.

Estos son sólo una parte de los muchos servicios prestados a Francia por el General Bonaparte, el pueblo francés lo ama y sabe que está en deuda con él. El Primer Cónsul lo sabe y se deja querer, lo siente, lo degusta y disfruta a más no poder. Sabe que domina el "arte" de la guerra y además, es un hábil manipulador político y diplomático, demasiados "atributos" en una sola persona que pueden causar muchas desgracias no a un país sino a muchos en varios continentes.

Casi un mes después de firmar la paz con Austria, el 6 de marzo de 1801, la Federación Alemana se adhiere al tratado de Lunéville, aunque se insiste en la indemnización a los príncipes que cedieron la franja de la ribera izquierda del río Rin. Estos nobles, con tal de obtener algún beneficio económico, y sabiendo que por ser botín de guerra podrían no darles ni un franco, llegan hasta París y contactan con muchos de los involucrados en la resolución final que denominan Dieta Imperial.

Pero estos alemanes están en un plan que abochornaría hasta a los más corruptos del mundo: adulan, sobornan, amenazan, regatean, corrompen y hacen todo lo que creen necesario para lograr algunas ventajas; tratan de afirmar posiciones, y lo que menos les importa es conservar ya no se diga su integridad de "nobles", sino cuando menos su dignidad como seres humanos.

Lo que quieren Napoleón, Talleyrand y demás colaboradores, es darle un cambio radical al actual Estado alemán, transformar esa coalición que surgió a partir de la paz de Westfalia que años atrás, en 1797, el General Bonaparte defendería pero la posición contraria. Ahora quieren crear Estados fuertes para formar la "Tercera Alemania", haciendo un bloque con Austria y Prusia.

Una de las intenciones no reveladas para lograr esta nueva coalición alemana es disminuir al mínimo la influencia de la Iglesia Católica, ya que quieren Estados totalmente laicos, al menos en su formación gubernamental, para que los pensamientos clericales no intervengan en la política.

Sin embargo, el destino no está dispuesto a poner en charola de plata los planes franceses y menos de Napoleón, quien logra entablar un fuerte vínculo político y de amistad con el zar Pablo I. Ellos hablan, hace planes de expansión entre los dos países, el zar pone hielo y distancia con los ingleses y hasta planean invadir conjuntamente a la India, pero el 23 de marzo de 1801 el líder ruso es asesinado, un golpe fuertísimo para su país y más para Napoleón, quien desconcertado, sólo atina a culpar a los ingleses del asesinato.

No obstante que el hijo de Pablo I, Alejandro, es ascendido como el nuevo zar, el reciente gobierno ruso se declara probritánico, y de nuevo, la labor de convencimiento del General Bonaparte es similar a la utilizada con el padre; lo colma de regalos, crea un servicio de correo especial entre ellos, le envía grandes planes de expansión para las dos naciones y como si esto no fuera suficiente, lo propone como árbitro en la problemática de la reestructuración alemana.

Además, a favor de Napoleón están los lazos familiares de una nieta del margrave de Baden, esposa del zar, emparentado con la casa de Württemberg, y con esas relaciones entre familias, los nobles alemanes adquieren, multiplicado, más de lo que perdieron al ceder la ribera izquierda del río Rin.

Acuerdo entre Napoleón y el Papa

Con estos acuerdos de paz firmados y ratificados por todos los involucrados, el Primer Cónsul de Francia enfoca ahora sus esfuerzos no militares y sí diplomáticos, a entablar una nueva relación con el clero católico y con su máximo representante, el Papa Pío VII.

El Pontífice ha seguido muy de cerca todos los acontecimientos franceses desde el inicio de la Revolución en 1789, justo once años antes de ser elegido Papa. Sabe que este movimiento popular provocó la separación centenaria de las relaciones Iglesia-Estado, que muchos de los integrantes de los poderes son anticlericales y que bastantes sacerdotes han huido de Francia porque sus vidas peligraban, y que ahora el Primer Cónsul desea repatriar.

Pero también sabe lo importante que es restablecer relaciones normales y hasta diplomáticas entre la Curia y el gobierno francés, desea evitar la desaparición de los Estados pontificios por un arranque de ira de Napoleón que, además, podría ser bien visto por los republicanos.

Por su parte, el General corso tiene claramente definidas sus intenciones para este acercamiento con el máximo líder católico: si la Curia pacta con él, será reconocida su supremacía como autoridad de los cristianos, al envolverlos en una sola mano de mando previniendo y evitando una posible coalición de fuerzas religiosas católicas que pudieron desatar otro movimiento revolucionario, poco factible porque el catolicismo no es proclive a estos movimientos civiles, sino más bien tratar de evitarlos para conservar privilegios, pero para Napoleón ninguna precaución está de más.

En fin, después de largas y cordiales pláticas entre el General Bonaparte y el Papa Pío VII, se firma un concordato el 16 de julio de 1801. Esto se logra gracias a un plebiscito con el que el pueblo francés aprueba, por gran mayoría, el restablecimiento de las relaciones Francia-Vaticano.

Más control sobre la prensa

En tanto se normaliza esta nueva relación Iglesia Católica-Estado Francés, Napoleón sigue con detenimiento todo lo que se escribe en los periódicos que tiene a su alcance, ya que como "buen dictador" desea tener la mayor cantidad de información respecto a lo que se dice de él y del Estado, por lo que el 23 de julio de 1801, dirige una carta al ciudadano Ripault (quien es el bibliotecario del corso), en la cual le ordena llevar a cabo una serie de acciones para contar con una síntesis informativa que le permita enterarse, diariamente, de lo que aparezca en todos los medios impresos sobre cuestiones religiosas, de filosofía y de moral, así como también todo lo que se diga en sermones, reuniones literarias y obras de teatro.

Con esta misiva es fácil darse cuenta que Napoleón no quiere dejar nada a la suerte o al azar, él no cree en ellas y el control que desea llevar a cabo va mucho más allá de la simplicidad de querer estar bien informado de todo lo que se dice, escribe y si es posible, todo lo que piensa el pueblo francés.

Gran triunfo diplomático

Aunque en algunas ocasiones parece que el destino le pone obstáculos al Primer Cónsul Napoleón, después lo compensa como es el caso del logro diplomático que alcanza (sin haber disparado un tiro), ya que juntos el ministro de Asuntos Exteriores, Charles-Maurice de Talleyrand, un verdadero maestro de la política diplomática, y él, logran la firma de un acuerdo de paz en Amiens el 26 de marzo de

1802. Lo sobresaliente de este acuerdo es que no representa uno más, ahora están incluidos en él nada menos que los eternos rivales: Francia e Inglaterra.

No es un convenio fácil pues les lleva un año concretarlo ya que ambas naciones saben que están en un raro equilibrio de fuerzas; nadie logra sacar ventaja en ninguna de las confrontaciones bélicas desarrolladas en más de diez años y comprenden la inutilidad de seguir combatiendo, sacrificando vidas, armas y mucho dinero en una batalla sin vencedores y muchos perdedores.

Analizando los resultados de este acuerdo de paz, Napoleón logra por la vía diplomática lo que quizá nunca conseguiría con las armas al ser Inglaterra la más afectada por regresar la casi totalidad de sus posesiones en el extranjero: se retira del Mediterráneo, cede Malta a la Orden de San Juan, Egipto al sultán y la isla de Menorca a España. Después de esto, Napoleón trata de quedar bien con los ingleses y al mirar que estos renuncian al dominio del Mediterráneo, él también "cede" su parte en esta región, de algo que "nunca poseyó" ni fue suyo; otra genial jugada del corso.

Pero tampoco Inglaterra cede graciosamente a todo esto. Primero están sus intereses económicos y después los militares; tal parece que ya no les importa que Bélgica pueda caer en manos francesas ni que se garantice la independencia de Holanda.

Con estos hechos y tratados pacificadores de Europa, los senadores, hábilmente manipulados por el mismísimo Napoleón y por el entusiasmo del pueblo francés, se preguntan: *¿Qué testimonio de gratitud nacional exige el momento?* La respuesta es unánime, hecha más con el rebosante corazón que con la mente y cabeza frías: "¡Nombrar al Primer Cónsul y General como miembro vitalicio y líder del Gobierno francés!" Esto, apenas, es "algo" de lo que Bonaparte cree que le deben los galos por sus grandes logros y conquistas.

Ceremonia de regreso al catolicismo

Con el establecimiento de las relaciones Iglesia Católica-Estado Francés, Napoleón Bonaparte deja muerta la Revolución al celebrarse un solemne Tedeum cantado el 18 de abril de 1802 en la famosa catedral de Notre Dame de París. Con este acto, el gobierno de Francia declara al Catolicismo como "La religión de la mayoría de los franceses".

Al General corso no le importa pasar por encima de los que están en contra del restablecimiento de las relaciones religiosas y gobierno, lo que importan son sus intereses y cómo puede sacar provecho de la religión nuevamente admitida, ya que ésta representa el orden social, una reconciliación del hombre con sus creencias milenarias. De alguna forma el catolicismo pregona la humildad, la sencillez y la pobreza (que muchos de sus sacerdotes no cumplen) y esto permite que los pobres se reconforten en los templos, que olviden un poco su deplorable condición social y esperen, después de morir, un paraíso lleno de recompensas.

Una clara muestra de este nuevo "matrimonio" entre el Papa Pío VII y el General Bonaparte, es una carta que el corso dirige al Pontífice el 28 de agosto de 1802, en donde es clara la intromisión y el enorme poder que ejerce el militar sobre el religioso. Le propone ayudarlo en la reglamentación de "las diversas cuestiones religiosas de la República italiana", coaccionándolo con lo que él ha hecho a favor de la Iglesia.

Ésta es una clarísima muestra de que Napoleón también desea controlar hasta la designación a cardenales que es un derecho exclusivo del Papa, incluso se atreve a mencionar a su tío, dando muestras que el nepotismo no está peleado con el poder, es más, es parte inherente a él.

Legión de honor

Poco antes de emitir la carta intromisoria en asuntos exclusivos del clero católico, Napoleón crea en mayo de 1820 una Orden que denomina Legión de Honor con el fin cimentar los principios revolucionarios de igualdad, fraternidad, aunque la libertad queda para mejor ocasión. Es una Cofradía que arropa a todos los franceses con méritos suficientes en favor del Estado, ya sea sirviendo en el frente de guerra o en tiempos de paz, y está organizada bajo 15 unidades integradas por 250 personas cada una, que dan un total de 3,750. Cada unidad está dotada con abundantes asignaciones y seguros de vejez.

La intención napoleónica es controlar y tener a su servicio a todo aquel que sea admitido en la Legión. Los legionarios deben servir fielmente al Gobierno para evitar todo intento de restaurar algún régimen feudal; o de que algunos quieran hacer desaparecer la igualdad social y hasta la libertad, aunque ésta última es sólo un parapeto que sirve como punta de lanza para evitar cualquier brote de subversión o inconformidad.

La Legión de Honor es otro sostén del poder para manipular los sentimientos de valentía, fidelidad y hasta de ambición canalizados hacia el camino en el que, supuestamente, todos pueden lograr más avances y progresos en la vida. Sin embargo, parece que los miembros de esta Legión no se dan cuenta que servir al Gobierno es hacerlo a Napoleón directamente.

Se ha mencionado que lo de libertad es sólo un escudo que utiliza el corso Bonaparte cuando le conviene; pero como no es muy frecuente, cada vez que le es posible, arremete con mucho coraje y furia contra la libre manifestación de las ideas y pensamientos a través de la edición de diarios y periódicos, y para esto, no hay otra forma de combatirlos que con la censura.

Por lo tanto, hace desaparecer gran número de órganos de información que empezaban a florecer, cierra imprentas y mesas de redacción, pues mientras menos periódicos haya, mejor para el régimen dictatorial de Napoleón, ya que así puede lograr una opinión pública acorde a sus intereses y disposiciones.

Por si la medida no fuese suficiente, el Primer Cónsul decide evitar todo brote de violencia o revolucionario al meter su nariz en la educación, la cual es básica para que un país avance siempre y cuando se le dé la importancia que merece.

Pero Napoleón va más allá de estos preceptos básicos, adapta el sistema de enseñanza educativa a su estilo, y sobre todo, a sus necesidades; construye escuelas primarias en todos los municipios, secundarias en ciudades de los Departamentos; hay 32 liceos con 6,400 plazas disponibles, de las cuales 2,400 estás destinadas a los hijos de oficiales y funcionarios del aparato gubernamental, es decir, a los que sirven al Gobierno, y el resto está reservado a los alumnos más sobresalientes de las escuelas superiores.

En pocas palabras, si sirven al Gobierno sirven a Napoleón, y en compensación, éste permite que sus hijos estudien en los mejores colegios, y una vez que salgan de ellos, estarán listos para continuar sirviéndolo. Así él puede controlar las posibles situaciones de inconformidad a través del agradecimiento de los hijos y de sus padres. Hay que reconocer que este sistema autoritario educacional es ¡genialmente diabólico!

Culto a la personalidad

Como buen estudioso de las culturas antiguas, sobre todo la griega y la romana, el Primer Cónsul Bonaparte decide que es necesario expedir un Código Civil que aglutine lo bueno de lo antiguo con lo nuevo, a manera de que se asiente la desaparición de privilegios de algunos sobre los derechos de la mayoría. El concepto parte del principio humano de poder gozar del triunfo de la libertad personal, la de elegir la religión que cada quien desee, de tener un trabajo, de la igualdad cívica para todos los ciudadanos y principalmente, sin que esto signifique otra ruptura con el catolicismo, establecer el carácter laico del Estado.

Napoleón quiere demostrar que con este Código Civil todos pueden aspirar a ser parte de la alta sociedad; fomenta los enlaces matrimoniales entre aristócratas y gente del pueblo, ya no son importantes las herencias de sangre, y ahora lo que destaca es la necesidad de ascender socialmente.

Con estos matrimonios Napoleón logra que la gente esté agradecida con él, permitiendo que su ego se eleve hasta el cielo, porque, además, lo avala y apuntala en su poder personal. Por lo tanto, poco a poco se dejan de celebrar las recientes fechas importantes a partir de la Revolución; ya no es necesario ni importante festejar la caída de la monarquía, la del 10 de agosto de 1792, y cada vez cobra mayor auge e interés el conmemorar el 15 de agosto, ni más ni menos que el cumpleaños del generalísimo Bonaparte, iniciando así, un culto a la personalidad y al poder que representa y que, una vez más, impone una costumbre que perdura hasta el incipiente siglo XXI.

Nuevas conquistas, a costa de lo que sea

Para Napoleón hay una pregunta que es la más importante sobre cualquier otra: "Si ya hay paz, ¿ahora qué voy a hacer?"

Esta cuestión sólo lleva unos cuantos segundos para ser respondida por el brillante cerebro del General corso: "Sacar provecho tanto en tiempo de guerra como en la paz". Esto significa que, para lograr sacar alguna utilidad de su ventajosa situación, debe echar mano de la guerra, no hay otra forma.

¿Pretextos?, tiene varios, como mantener la relación de dependencia de las naciones conquistadas por Francia, y considerar las que no han sido sometidas y que le dan vueltas en la cabeza: Suiza, Italia y Holanda, por lo que sus ideas militares están enfocadas hacia este último país. Pero para darle legalidad a su pretendida intervención bélica, convoca a un plebiscito para la creación de una nueva Constitución, hecho que no causa ningún impacto participativo del pueblo francés, ya que solamente participan 70 mil personas, de las cuales 52 mil rechazan el plan de invasión y 16 mil lo aprueban.

Con lo que no cuentan los franceses es que la abstención de los restantes 350 mil ciudadanos es tomada como un sí, dando un rotundo éxito de mayoría por lo que es aprobada la Constitución de la Regencia. Así, indirectamente, Napoleón es autorizado a sus planes de expansión, y por lo pronto, la República Cisalpina es cambiada por República Italiana, haciendo creer a los italianos de esta parte de Europa que pueden ser autónomos, pero lo que no alcanzan a descubrir es que su futuro presidente no es otro que el mismo Napoleón Bonaparte.

Para dominar con seguridad el norte de Italia, es preciso una unión y el corso la crea al declarar a Piamonte como una división militar, y posteriormente, en septiembre de 1802, la incorpora desvergonzadamente. También asegura el acceso y control de los Alpes Occidentales, desgajando el Valais suizo y transformándolo en República, únicamente le falta asegurar la docilidad y dominación sobre Suiza.

Otra vez, el destino se encarga de darle a Napoleón la oportunidad de intervenir en conflictos extranjeros, ya que hay una marcada y frecuente lucha entre aristócratas y demócratas, y federalistas contra unitarios, y gracias al oficio del corso para inmiscuirse en cualquier asunto que considere importante, se las arregla para que los suizos involucrados en esta disputa soliciten el arbitraje de Francia para resolverlo.

Ni tardo ni perezoso, Napoleón recibe una delegación de 60 miembros suizos y les entrega una nueva Constitución en febrero de 1803. Este acto es considerado como una expresión de alta sabiduría política, tanto, que el corso comenta: "La Confederación deber ser la unión de pequeños Estados aliados (cuya Constitución sea tan diversa como el suelo) mutuamente ligados por un simple vínculo de alianza que no oprima ni sea costoso".

Con palabras sencillas y una nueva Constitución, el Primer Cónsul saca más provecho que con una invasión militar, ya que a través de ella puede controlar el poder central débil de Suiza, y contrarrestar, de alguna manera las influencias extranjeras, principalmente las inglesas. Por si no es suficiente, los suizos aportan a Francia un ejército totalmente armado de 16 mil elementos, mismo que se agrega al aportado, a su vez, por italianos y holandesas.

Pero Holanda es la obsesión del General Bonaparte ya que posee una flota y, sobre todo, puertos y astilleros sumamente necesarios y estratégicos para convertir a Francia en una potencia marítima. Los planes napoleónicos de expansión siguen una estrategia meticulosa, están en sus planes el Mediterráneo, el norte de África, las Indias Occidentales y Orientales y Madagascar.

Con todos los países conquistados y después de un acuerdo de paz, se firman tratados comerciales. Con esto, Francia afianza su supremacía europea logrando que los ingleses estén empezando a aislarse, tanto así, que les lleva más de un año darse cuenta de ello. Se sienten defraudados por los acuerdos de paz ya que el país de Napoleón no ha firmado ningún tratado comercial con ellos.

Por estas razones, los británicos deciden empezar a hacer labor para atraer y pactar comercialmente (y si se puede, militarmente) con otros países, pero su labor no da fruto en principio ya que Austria y Rusia quieren acatar sus acuerdos de paz con Francia, sobre todo la segunda nación, quien está muy interesada en que se respete la cuestión alemana, sin embargo, la oferta es muy tentadora, pues el inglés, canciller y conde Voronzov, llega desde Londres a Petesburgo con este ofrecimiento:

1 Garantía recíproca de respeto a los límites territoriales.
2 Pacto de mutua ayuda contra agresiones de terceros.

El zar Alejandro I lo considera pero decide que no es momento de romper con Napoleón y rechaza el ofrecimiento. Esto, lejos de desanimar a los ingleses, los impulsa a seguir tratando de conseguir aliados y volver a ser una potencia comercial apoyada por su poderosa fuerza naval, por lo que los británicos hacen otro ofrecimiento al líder ruso y está vez lo piensa mejor, sobre todo porque ya conoce los planes de expansión de Napoleón en el Mediterráneo y porque es necesario preservar la supremacía en Turquía. Ya de acuerdo con los ingleses, el zar Alejandro les solicita que no desalojen Malta, pues piensa que sólo debe cederse a cambio de una compensación, o con la condicionante de ser restablecido el *statu quo,* es decir, la situación dominante al momento de firmarse el tratado.

Napoleón ve las intenciones de los dos países y no accede a ello. Para él, sólo es válido el tratado de Amiens firmando con Inglaterra y todo lo que suceda en Europa no afecta a los británicos, ni es de su competencia, según él.

Los ingleses atacan de nuevo, pero ahora van al corazón de Francia, a París, en donde Whitworth, en lugar de entablar una labor de convencimiento con el Primer Cónsul Bonaparte, decide emplear sus esfuerzos y 100,000 libras para sobornar a los personajes y funcionarios más cercanos a Napoleón, y éste, al darse cuenta, habla con determinación y hasta con dureza, por lo que termina afirmando que lo único que conviene a Europa es la paz y esta vez es sincero en sus observaciones, ya que, a principios de 1803, la guerra no está en sus planes inmediatos. Por otro lado, su ejército no está capacitado para enfrentar a los soldados ingleses, bien entrenados, equipados y dispuestos a la batalla, y si la confrontación bélica es inevitable, él siempre aparecerá como un paladín de la paz.

Pero los aires de la guerra no han desaparecido del todo en el viejo continente, pues los intereses de unos chocan con los de otros y sobre todo, no hay disposición para respetar los pactos de paz. En concreto, Inglaterra no puede ni quiere dejar de ser la potencia que es y Francia no está dispuesta a permitírselo, aun cuando tenga que hacer grandes concesiones a los ingleses para preservar la paz. Sin embargo, los británicos no están inclinados a ceder en nada más, y menos en su posición con Rusia y el zar, a quien Napoleón le ofrece el importante papel de ser árbitro de las diferencias entre francos y británicos.

Pero no son los únicos involucrados, España está de acuerdo con Francia, pero Prusia no y Berlín está en duda en cuanto a su posición en este conflicto, pues tienen la creencia de que su neutralidad puede ser de más provecho que el inclinarse por alguna de las partes, incluso, desecha el ofrecimiento de Napoleón de apoderarse de Hannover; y como no puede quedar a la deriva, el mismo General corso se apodera de esta ciudad, cuna de los monarcas ingleses, y mejor aún para el francés, puede impedir la entrada de mercancía y militares de sus odiados rivales en Alemania, un golpe maestro con tiro doble.

Por su parte, Austria no se inclina por ninguna posición, sino que su neutralidad le permite evitar una guerra para la cual no está preparada, ni en lo militar ni en lo económico y mucho menos en unanimidad, en sus gobernantes, en donde la división de opiniones es adversa para crear una situación en la que puedan tomar una decisión clara y beneficiosa para ellos, tomando en cuenta que Napoleón no ha hecho nada que se considere como una agresión en contra de este país.

Otro atentado al corso

Lo peor que puede suceder en una conspiración, independientemente de quién la provoque y quién sea la víctima, es que sea descubierta. Esto acontece con dos militares franceses: Charles Pichegru, (que se distinguió al frente de su ejército en las batallas del Rin, Mosela y Del Norte, esta última cuando se da la conquista de los Países Bajos en 1795) y Georges Cadoudal, quienes conspiran contra Napoleón.

Georges Cadoudal es un conspirador realista francés, famoso por su audacia, siendo él quien organiza el primer atentado contra Napoleón; ahora prepara otro, en contubernio con Moreau y Pichegru.

Jean Victor Moreau también político, debe su fama a las victorias en Alemania e Italia, pero al no estar de acuerdo con las políticas y sentimientos bélicos de Napoleón, es un rival declarado.

La conspiración nace en Inglaterra, (¡¿dónde más?! pensaría el corso) los conspiradores ya han atravesado el Canal de la Mancha y están en contacto con otros generales "fieles" a Napoleón, pero por lo improvisada o mal cuidada planeación, es descubierta por el líder y general francés quien lo registra en una carta que envía el 13 de febrero de 1804 a las 20.00 horas (así está documentado) al General Nicolas-Jean de Diu Soult.

Este atentado es descubierto cuando los militares franceses se enteran que se está gestando un levantamiento realista en Britania y La Vendeé, y que está en proceso otro atentado contra Napoleón, lo cual confirman cuando arrestan a uno de los complotistas, a quien amenazan con ejecutarlo si no confiesa toda la verdad; y lo hace, dice que Cadoudal y Pichegru ya están en París esperando que el Príncipe Borbón Enghien desembarque en Biville, cerca de Dieppe. De cualquier forma, el preso es ejecutado por traición a la patria. (Louis Antoine Henri de Bourbon-Conde de Enghein, es un príncipe francés que sirve a las órdenes de Brunswich contra la República). Con estos datos, sólo es cuestión de tender las redes y esperar a que los conspiradores caigan en ellas, y entonces proceder a su arresto y posible ejecución.

Finalmente el ejército francés arresta a Charles Pichegru el 28 de febrero y lo ejecuta en abril de 1804, aunque el informe oficial dice que se suicidó y la mayoría de los franceses que fue una forma muy sospechosa y oportuna de morir. Georges Cadoudal también es arrestado el 19 de marzo, y ejecutado el 24 de junio de 1804 en la plaza pública de Greves. Victor Moreau es encarcelado por su participación en la conspiración de Georges Cadoudal sólo que logra salvar la vida, volviéndose un enemigo irreconciliable del General Bonaparte.

Por su parte, el Príncipe Borbón Enhein es arrestado en el poblado alemán de Ettenhein y fusilado clandestinamente en Vicennes por órdenes de Napoleón, el 21 de marzo de 1804, acusado de espía y de venderse al oro de los ingleses, extinguiéndose con él la casa de los Condé.

Con estas ejecuciones, los europeos ponen en alerta a sus ejércitos, temen que la precaria paz alcanzada hasta ahora no dure mucho. Por fin, Napoleón da su verdadera cara al mundo, expresando frases como éstas acerca de los conspiradores y sus ejecuciones: "Quiero infundir en los Borbones el terror que ellos quieren meternos en el cuerpo, por lo que no dejaré que me maten como a un perro callejero".

Con esto, la belicosidad y el terrorismo aparecen claramente en el rostro del Primer Cónsul francés, y los demás dirigentes europeos saben que la guerra es inminente por lo que se preparan para ella, ya que Napoleón les dice a los franceses y al mundo una gran, terrible y temible verdad: "¡He mostrado de lo que soy capaz!"

Ante esta muestra de barbarie y de impunidad por parte de Napoleón, la nación que más protesta es la Rusia del zar Alejandro I, quien viste de luto a su país en señal de duelo por el nefasto y cruel arresto y artero asesinato del duque Enghein. Pero sin embargo, la altanería e impunidad de la que goza el Primer Cónsul francés, le permite contestar al zar en una forma poco diplomática (contraria a lo que siempre ha proclamado), haciendo alusión a un complot familiar para deshacerse de su amigo Pablo.

Semejante intolerancia y grosería no puede ser soportada y la relación se enfría hasta su casi extinción, misma que desaparecerá totalmente cuando se cree el Imperio francés, con Napoleón al frente de él.

Un rey disfrazado de emperador

La mayoría de los franceses temen el reinicio de la guerra, pues ahora no tienen la certeza de ganarla, y lo que es peor, temen perder también su tranquilidad. No alcanzan a medir que tanto poder como abarca y sostiene Napoleón Bonaparte, les traerá más desgracias que alegrías.

Ahora ni siquiera ser Primer Cónsul es suficiente para Napoleón, quiere y desea ser entronado como el máximo líder de Francia, de los países conquistados y por conquistar, y qué mejor que disfrazarlo con una iniciativa que apoyarán los incondicionales senadores, quienes, además, cuentan con el total respaldo del Tribunato. Ellos también harán suya esa iniciativa de cambio de Constitución, instrumento del que siempre se sirve Bonaparte para satisfacer sus inmensos deseos de gloria y de trascendencia históri-

Coronación de Emperador Napoleón

ca, y que cuando le es imposible obtener lo que quiere, simple y llanamente promueve el cambio de leyes o hasta de la misma Constitución de acuerdo a sus necesidades y no a las del pueblo al que gobierna.

Este es el caso de ahora, cuando por decreto de la Cámara de Senadores el 18 de mayo de 1804, Napoleón Bonaparte deja de ser Primer Cónsul y es designado Emperador de Francia, lo que le permite además, designar a su sucesor, contrario a los principios revolucionarios; y por si existe alguna duda de la "legalidad" de esta nueva Constitución, se convoca a un plebiscito el 27 de noviembre de ese mismo año mediante el cual los integrantes del pueblo francés dan su total y absoluto apoyo a esa designación, a la creación de un Imperio y a Napoleón como su Emperador.

Tal parece que los terribles hechos de injusticia, intolerancia, desigualdad social, pobreza extrema e inequidad, han sido olvidados por el pueblo; lo que hace doce años, cuando se inició la Revolución para finiquitar, entre otras situaciones, las sucesiones monárquicas, se ha olvidado totalmente; y lo que parecía imposible de regresar, ha vuelto con mucha mayor fuerza que con los reyes.

Pero, ¿por qué Emperador y no Rey? Para empezar, si se hacía designar como rey, hubiera habido muchas protestas porque Napoleón no posee sangre real y ese es un punto que no dejaría pasar el pueblo; segundo, porque no quiere ser comparado como sucesor de los Borbones a quienes odia tanto; tercero, y tal vez la razón de mayor peso para Bonaparte, poder compararse con los grandes conquistadores: Carlo Magno y los Césares romanos, a los que desde siempre ha admirado. Con esta entronación tiene la enorme oportunidad de compararse con ellos ¡y no la desaprovecha!; tan es así que, en septiembre de 1804, en ocasión de la festividad conmemorativa de Carlo Magno, el ahora Emperador francés viaja hasta Aquisgrán para postrarse ante la tumba del conquistador, y además, subirse en ella y mostrar un signo de reverencia y humildad poco creíble.

Para Napoleón Bonaparte por fin llega el 2 de diciembre de 1804, día en que el Papa Pío VII viaja desde Roma hasta la catedral de "Nuestra Señora de París" (Notre Dame) para entronizar al nuevo Emperador, y para dar fe del juramento que presta el General para garantizar los beneficios de la Revolución (y de la Iglesia Católica).

Por otro lado, con la presencia del Pontífice, se avala el supuesto derecho "divino" de la monarquía a cambio de algunas concesiones sin importancia, como regresar al calendario gregoriano católico y olvidarse del creado por la Revolución, lo cual le permite al mismo Emperador acabar con lo último que queda de la ya vieja Revolución y de los ideales que la motivaron.

Otra concesión que hace el Papa, es la de casar a Napoleón con Josefina en una ceremonia por demás secreta. Así, en el momento de la coronación, el ambiente se siente tenso, malsano y hasta con un incomodísimo silencio, pero es tanta su desesperación, arrogancia y prepotencia, que no espera a ser coronado por Pío VII, sino que él mismo toma una corona de laurel y se la ciñe, total, siendo Emperador por designación "divina" ¿para qué le sirve que sea el Papa quien se la ponga si para lo único que está allí es para bendecir esta asunción?, y no solamente esto, sino que además, toma otra corona con perlas y la ciñe en la cabeza a su esposa Josefina, ahora Emperatriz de Francia.

Al final de la ceremonia de entronación, Napoleón le "sugiere" al Papa que esté a su lado en todas las decisiones que tome, ya sean políticas o militares, y a cambio, el nuevo Emperador, ahora lo mismo que Carlo Magno con el Papa León, le brindará todo tipo de protección.

Y así en medio de toda la pompa, el recién Emperador organiza a la corte de la misma manera que cuando gobernaban los reyes; es decir, no igual sino como una ridícula copia de esa época, ya que toda la familia Bonaparte se convierte en una dinastía de *príncipes franceses;* y al estar rodeado de dignatarios, él los llena de títulos ridículos y pomposo, tales como: *Gran Elector, Archicanciller del Imperio, Archicanciller del Estado, Architesorero, Condestables y Gran Almirante.*

"Insiste" en la paz

Una vez que ha bajado de la nube de la entronación, el 2 de enero de 1805, Napoleón escribe al Rey de Inglaterra para "invitarlo" a conservar la paz en Europa, mientras da instrucciones para que el General Lauriston se embarque al mando de 3,500 hombres hacia las Indias Occidentales.

Por un lado, promueve una paz que está lejos de respetar, y por el otro, está atento a la coalición que se ha formado entre Rusia e Inglaterra, iniciada desde principios de 1804 y concreta la ahora, un año después. Lo peor para Napoleón es que los rusos se han convertido en líderes y en motor de un movimiento antifrancés, tanto así, que el inglés William Pitt quiere frenar el ímpetu del zar Alejandro.

Entre el polaco Czartorryski y el zar han concebido un plan de reestructuración de toda Europa, basándose en una federación que, a su vez, esté apoyada en el derecho internacional, pero sin ocultar las intenciones de Rusia; por eso, Pitt del gobierno inglés, le da una gama de garantías y un equilibrio muy interesantes.

Este plan europeo es tan bueno que a lo largo de 1804 empieza a ganar adeptos, como Fernando IV, Rey Borbón de Nápoles-Sicilia, e incluso, es apoyado por su esposa María Carolina, ya que el mismo Napoleón la ha amenazado a ella y a sus hijos diciéndoles que no descansará hasta verlos mendigando por toda Europa.

En cambio, la alianza ruso-británica garantiza al rey Fernando IV sus posesiones con la única condición de permitirles utilizar sus puertos como bases de operaciones y desembarco de tropas, tomando principalmente el puerto de Stralsud, ya que desde allí se puede atacar y recuperar Hannover, lo que se puede aprovechar también para lograr la liberación total de Holanda. Para afianzarse en su estrategia, tiran el anzuelo a los austríacos, quienes lo ven favorablemente.

Pero Napoleón no se duerme en el sueño del Imperio, sus ansias de gloria no están del todo satisfechas, y sólo anexándose otros territorios y países le podrán dar más reconocimiento, sabe que algunas naciones europeas están tramando liberarse del yugo francés, amarrados por pactos de paz y comerciales que no les son favorables.

Los espías del Emperador francés pasan informes al por mayor, por lo que decide mandar una misiva al Emperador de Turquía, explosiva e imperativa, el 30 de enero de 1805, y en cierto modo hasta irrespetuosa y poco diplomática, Esto no es de extrañar, pues asumiendo su nuevo cargo de máximo líder de Francia, ahora ya no guarda tanto las formas como antes y la carta contiene términos bajos e injuriosos reclamándole su posición pasiva ante los rusos.

La carta que se menciona es otra clara muestra de intromisión francesa, o mejor dicho, napoleónica, en asuntos internos de otros países. Se puede justificar desde el punto de vista estratégico, ya que no desea que los rusos y sus aliados extiendan su zona de influencia y que al final, sea Francia la que pague este acto por no haber actuado a tiempo para impedirlo.

Para abril de 1805, Rusia y Austria firman un pacto de alianza, en tanto que Prusia coquetea peligrosamente entre éstos y Francia sin poder evitar las presiones cada vez más fuertes e imperiosas para que decida con quién está. Dentro de poco, la neutralidad será tomada como una negativa o como estar en contra de franceses, y aliados los países neutrales pasarán a ser los primeros objetos de guerra.

Sin embargo, la codicia de Napoleón no sólo va hacia afuera del país, también va hacia dentro, por lo que al saber la decisión de su hermano José de renunciar al honor de ser el soberano de Italia, determina serlo él mismo, para lo cual organiza una ceremonia el 26 de mayo de 1805 y coronarse como Presidente de la República Italiana. El evento se lleva a cabo en la catedral de Milán y como de costumbre, asume solo esta nueva función. Con la Corona de Hierro de los longobardos, el emperador francés clama a los presentes y al mundo: "¡Dios me da esta corona! ¡Ay de aquel que me la toque o me la quite!", y para sus adentros piensa: "Espero que la profecía se haga realidad".

Pero Napoleón no pierde tiempo, sabe que los tratados de paz no durarán mucho tiempo y quiere proveerse de un ejército de enormes proporciones; además, los quiere entrenados y de ser posible, que sean marineros, por lo que exige a M. Lebrun, encargado de la República de Liguria (Génova), que no sólo no se oponga al reclutamiento de marinos genoveses con experiencia, sino que debe colaborar en ello ya que el mínimo requerido son ¡15,000!, o el Emperador tomará la medidas necesarias y pertinentes para conseguir esa cantidad de hombres de mar. Esta amenaza no es otra que la de llevar a cabo una leva forzada a fin de obtener lo que requiere.

Es agosto, día 23 de 1805, es el momento de las definiciones, Napoleón está en su campamento de Boloña y sumamente preocupado porque un día antes se entera que Austria está rearmándose e insistiendo en afianzar una alianza en contra de Francia. De este modo, el Emperador envía una carta urgente a Charles-Maurice de Talleyrand en donde le explica la situación militar actual del viejo continente, instándolo a buscar un convenio con los austriacos. De otra manera —le dice, esperará el invierno para mover su flotilla y responder fuerza con fuerza.

Ese es el Napoleón Bonaparte real, el que nunca cesa de pensar en la guerra, aunque sean tiempos de paz; nunca deja de espiar a sus enemigos y hasta a sus aliados; ni deja de enviar cartas dando instrucciones hasta en asuntos intrascendentes como la dirigida a M. Portalis solicitando que informe a M. Robert, un sacerdote de Burgos, de su desagrado por el "pésimo sermón" que predicó el 15 de agosto de 1805.

A ese extremo tiene controlado al país y a sus colonias, su instinto militar lo mantiene alerta, duerme poco, piensa mucho en su esposa Josefina, a quien escribe hasta tres cartas al día y de las cuales casi nunca obtiene respuesta.

En tanto, llega el 25 de agosto del mismo año y se define la tercera coalición en contra de Francia y su Emperador: Austria, Rusia y desde luego Inglaterra. Por su parte, Alemania, Prusia y hasta España están con Francia y con esto, el corso está seguro de que ya es hora de darle un golpe mortal a sus odiados enemigos británicos.

La intención de Napoleón es desembarcar en Inglaterra, conquistar las islas, destruir el centro de todas las coaliciones y terminar con la guerra definitivamente. Este plan le ha llevado dos años de su agitada vida, ha preparado una gran cantidad de soldados en muchos puertos y astilleros, y los ha concentrado en Boulogne y Cherburgo, divididos en seis cuerpos y sumamente entrenados, adiestrados, capacitados, preparados y totalmente combativos; son máquinas de atacar y matar enemigos, por lo que el General Bonaparte sabe que si conquista Inglaterra, hacerlo con el mundo no será problema alguno.

Los grandes acontecimientos se precipitan a partir del 3 de septiembre de 1805, cuando por fin los austríacos responden a las peticiones del general Bonaparte; no sólo no las toman en cuenta, sino que tienen el "atrevimiento" de poner sobre la mesa las propias, esas que permitirían el restablecimiento del *status quo* de los anteriores tratados y no de los últimos firmados por la fuerza de las armas de los vencedores sobre los vencidos.

Inicio de otra guerra continental

La insubordinación de Austria tiene la intención de querer arrastrar a más países a una guerra de graves consecuencias, ya que insisten a Baviera para que se adhiera a la coalición contra Francia y aliados, y como la respuesta es negativa, los soldados austríacos comienzan una ofensiva contra los Bávaros en la que confían plenamente: atacan por sorpresa para apoderarse rápidamente de país y ejército, pero no resulta tan sencillo y no logran sus primeros objetivos, y sí, en cambio, prenden los focos rojos en todo el continente europeo.

Los coaliados contra Francia están plenamente seguros de que ésta no podrá desplazar rápidamente su ejército acampado en el Canal, y prosiguen sus ofensivas; ahora le toca a Italia ser eje del ataque porque es una nación que el Emperador aprecia mucho por sus monumentos culturales, y sobre todo, por su pasado de gran Imperio romano y del actuar de los césares.

Este ataque a la península itálica debe ser coordinado por el mejor general, el Archiduque Carlos, quien está al mando del me-jor ejército, pero no ocurre lo mismo con las fuerzas militares al sur de Alemania al mando del General Mack von Lieberich, un oscuro soldado de mente retrógrada en cuanto a las nuevas armas de la guerra. Encamina sus fuerzas bélicas sobre el río Inn en donde las acampa para enviar solamente pequeños grupos de avanzada a la Selva Negra, ya que está informado de que Austria, por sus prisas de atacar y dejar fuera al ejército napoleónico, no ha terminado sus preparativos estratégicos militares, por lo que el General Mack piensa: "¿Cuál es la prisa?"

Esta actitud contrasta con la de Napoleón, cerebro militar que siempre tiene algún plan en mente, y en esta ocasión lo confirma, lleva prisa por destrozar a los militares de la coalición aun antes de que estalle la guerra y Prusia tenga la tentación de participar contra los soldados galos.

Napoleón, sinónimo de inteligencia

Después de delinear su plan de ataque, de sopesar todas las posibles consecuencias de cada una de sus órdenes sobre el ejército francés y de visualizar en un mapa todos los movimientos, el General Bonaparte levanta el campamento estacionado en la costa del Canal y marcha hacia el Sur con su enorme ejército de 180,000 soldados, separados en seis divisiones.

Sólo él y muy pocos oficiales saben realmente el objetivo de este movimiento, incluso, prohibe terminantemente a los periódicos escribir alguna palabra sobre lo que está llevando a cabo. Napoleón se desplaza a París desde Boulogne, pero es el Jefe del Estado Mayor, el Mariscal Louis Berthier, (militar francés que peleó al lado de Lafayette durante la guerra de independencia de Estados Unidos) quien dirige la marcha.

Así, engaña a sus enemigos creyendo que es el mismo Emperador quien está al frente del ejército francés, y además, está al tanto de cada movimiento de la coalición gracias a su excelente servicio de espionaje, es decir, Napoleón conoce cada paso que dan, mientras que sus rivales están siendo engañados creyendo lo que no es real.

Las seis divisiones francesas siguen al pie de la letra las instrucciones del Emperador, y a mediados de septiembre de 1805, llegan hasta el punto medio del río Rin, lo hacen tan perfectamente coordinados por el corso que el mediocre General Mack cree que el ejército francés está todavía en la parte media de Francia.

En este punto, Napoleón se incorpora y toma el mando del ejército; los seis generales que están al mando de las divisiones reciben instrucciones precisas de cómo deben avanzar, en qué dirección y cuáles son sus objetivos, y a pesar de que marchan por separado, lo hacen tan uniformemente que parecen guiados por una sola mano, que de hecho es la del General y Emperador Napoleón Bonaparte.

Los generales al mando se perfilan a sus objetivos siempre viendo las marcas del mapa que el mismo Bonaparte les señaló, y a cada movimiento deben marcar en el mismo los avances, no sólo de sus propias divisiones, sino las de los demás. Las marchas son siempre cubriendo el terreno especificado por el General corso. Y si, amables lector-lectora, pueden imaginar una toma área del campo de batalla, podrán observar como las seis divisiones francesas avanzan en forma de abanico y peinando todo el terreno hasta llegar a su objetivo final, la parte del Danubio llamado Ulm.

Pero queda aún un punto no definido para poder atacar con toda certeza la inestable parcialidad de Prusia, por lo que su genio militar idea otra acción que le dará la seguridad en las acciones militares que él necesita; ordena al General Bernadotte, al mando del ejército en Hannover, que marche hacia al Sur, pero debe atravesar el territorio prusiano de Ansbach.

¿Con qué objeto es esta instrucción tan precisa?, con la de provocar el enojo y la furia del soberano Federico Guillermo III de Prusia, ya que al ser violado su territorio, también se hace lo mismo con el acuerdo de paz; por lo tanto, la única reacción que le queda a Federico es la de invadir Hannover, sobre todo porque ya no hay tropas francesas en él.

Así, Napoleón logra dos objetivos: uno, que Prusia por fin abandone su supuesta neutralidad y se afilie con la coalición, y dos, que al invadir esta ciudad alemana, los prusianos tendrán mucho en qué entretenerse y se olvidarán de participar en esta batalla directa entre franceses y coaliados, ¡simplemente genial!; es una frase muy recurrente cuando se trata de calificar la estrategia militar de Napoleón, ya que, en este caso, se concentrará en sus instrucciones a las seis divisiones, sin temor a enfrentar otro ejército con el que no contaba.

Rotunda victoria francesa

Con tantos detalles cuidados al máximo, Napoleón empieza por fin el ataque abierto que durará desde el 25 de septiembre hasta el 20 de octubre de 1805, aunque tiene tropas en otros sitios estratégicamente resguardados. Es en Ulm donde el ejército austríaco recibe una de sus más dolorosas derrotas, ya que el general Mack reacciona tarde ordenando la retirada ante la brutal embestida de los franceses, quienes los rodean por los cuatro puntos cardinales.

Esta es una acción lógica prevista por el Emperador ya que, el 14 de octubre de 1805, le ordena al Mariscal Michel Ney que corte la retirada del comando austríaco que se dirige al Norte. La lucha cuerpo a cuerpo es sumamente sangrienta, violenta y muy desventajosa para los austríacos, quienes lo único que les queda es su gran valor, el cual, en esta ocasión, no les será suficiente para acabar con el mejor ejército del mundo de principios del siglo XIX, el de Napoleón Bonaparte; además, la estrategia del corso está muy clara, marchar por separado pero coordinadamente y pelear juntos.

El 17 de octubre capitulan los austríacos y para el 20 del mismo mes se rinden incondicionalmente a los franceses. Rotundo éxito obtiene Napoleón en esta batalla contra los coaliados, y lo más impresionante son los resultados, mismos que da a conocer a su amadísima esposa Josefina en una carta fechada el 19 de octubre del mismo año, en la cual destaca: (...) *Llevé a cabo mi designio: destruí al ejército austríaco con sólo marchar y capturé a 60,000 prisioneros, 120 cañones, más 90 banderas y más de 30 generales. Voy a avanzar sobre los rusos. Están acabados. Estoy satisfecho de mi ejército. Sólo he perdido 1,500 hombres, de los cuales, dos terceras partes tienen heridas leves.*

Batalla de Trafalgar

Pero lo que ha ganado el Emperador francés es sólo una batalla, muy importante sin duda, pero está aún lejos de ser el triunfador de la guerra, ya que el 21 de octubre del mismo año, libra otra batalla que le significará una de sus derrotas más dolorosas ya que tiene que enfrentar a la fuerza naval inglesa en el Cabo del Sur de España, en la provincia de Cádiz, junto al océano Atlántico.

Allí, Napoleón y sus aliados españoles libran una batalla cruel, dura, de alcances impredecibles. En un principio, parece que la coalición galo-ibérica ganará este importante combate, pero con el transcurso del tiempo y gracias a la determinación del Almirante británico, Horacio Nelson, derrota a las escuadras enemigas después de seis intensas horas de constante fuego de rifles, pistolas y cañones. El inglés maniobra con plena libertad mientras que el almirante francés Villanueve sufre al tratar de seguir la estrategia ordenada por Napoleón, pero más, por su miedo a sufrir otra derrota a manos del marino inglés, por lo que recuerda lo sucedido en Abukir.

Los españoles pierden aparte de la guerra, a tres de sus mejores navegantes: Gravina, Churruca y Alcalá Anguiano. Napoleón libra una batalla muy importante y decisiva para poder invadir Inglaterra en el futuro, y la derrota frustra esa posibilidad para siempre. Estas dos naciones vecinas y aliadas ven hundirse en el mar ¡dieciocho de sus treinta y tres embarcaciones!, y los ingleses ganan la lucha, pero pierden a su mejor marino y almirante, al propio Horacio Nelson, quien no logra sobrevivir a una herida de bala, sin embargo, muere honrosamente al dejar a Inglaterra libre de toda invasión.

Con la derrota de Trafalgar, son varios los enemigos de Francia que están reagrupándose y llevando a cabo reuniones para entablar otra batalla. Por un lado, austríacos y rusos que no fueron aniquilados y que lograron huir, se reúnen en la ciudad de Bohemia, y otra parte de sus ejércitos acampan al otro lado del río Inn; el zar Alejandro gana una importante batalla política al conseguir que Prusia se una a la coalición, y el archiduque Carlos envía urgentemente tropas al Tirol y hacia el Norte, estacionándose en Hungría, aunque lamenta profundamente no poder hacer lo mismo con Viena.

Napoleón se adelanta a este intento y le pide a su cuñado (esposo de Carolina Bonaparte) Joachim Murat, que entre en la capital de Austria, y así lo hace el 13 de noviembre de 1805, asegurando esta capital, estratégicamente importante desde los puntos de vista militar y político. Mientras tanto, el zar Alejandro sella su amistad con Federico Guillermo III en una ceremonia durante la cual ambos se estrechan las manos en un fuerte apretón junto al sarcófago de Federico el Grande, y ahí mismo se deshacen en elogios mutuos; a esta alianza se une valientemente la popular reina de Prusia y esposa de Federico Guillermo: Luisa de Mecklemburg-Streltz.

Sin embargo, esta coalición, que puede dar muchos dolores de cabeza al General Bonaparte al unir tres poderosos ejércitos: ruso-austríaco-prusiano, está destinada al fracaso por la mediocridad y falta de visión política, y principalmente militar, de Federico Guillermo, quien cree que con el simple nombre de la alianza tripartita, Napoleón estará dispuesto a negociar la paz sin obtener nada a cambio, ¡craso error y nada más lejos de la realidad!

Lo que los demás no saben, es que el Rey de Prusia tiembla ante las posibles consecuencias de esta unión contra el Imperio francés y su líder Bonaparte. El Rey se ha acobardado y para lograr un tratado de paz sin derramar más sangre, envía a su medroso y aún más tembloroso y miedoso ministro Haugwitz para negociar con Napoleón.

Este personaje prusiano, gracias a su tremendo pavor hacia el General corso, tarda mucho en salir de su país, viaja muy lento y para cuando llega a Brünn, cuartel general del Emperador francés, el miedo le impide presentarse ante el corso, aunque logra ser enviado con Charles-Maurice de Talleyrand en Viena. Ahí se quedará, y sobre su espalda y conciencia recaerán las consecuencias del decisivo combate en Austerlitz a principios de diciembre de 1805.

Pero si la mediocridad y miedo de Federico Guillermo son fatales para la coalición, lo es aún más la mala lectura que hace el zar Alejandro de las pretendidas intenciones de paz de Napoleón. Mientras éste repliega sus tropas, el 27 de noviembre le escribe otra de sus astutas cartas en la que propone una entrevista entre él y el zar haciéndole creer en una posible retirada de los franceses; sin embargo, lo que realmente quiere el militar corso es la batalla directa contra Alejandro quien no sólo cae en el juego sino que además, por querer ganar una batalla él solo y tener como trofeo el cuerpo y ropas del General Bonaparte, precipita las acciones bélicas y esa es su perdición.

Y es que, a pesar de que la coalición contra Napoleón cuenta con un ejército de 90,000 soldados contra 75,000 franceses, Alejandro no espera al resto de su ejército y al del Archiduque Carlos, con lo que la superioridad de los coaliados sería tan aplastante que ni el mismo Napoleón, con toda su estrategia y astucia militar, hubiera podido impedir su derrota; pero el zar arde en deseos de acabar con el corso y lo único que está logrando es caer en la tramposa red napoleónica para derrotarlo contundentemente.

El Emperador decide pasar la noche del 28 y la madrugada del 29 de noviembre en vela, departiendo junto a sus soldados, pues sabe que los enemigos lo vigilan y estudian cada uno de sus movimientos. Durante la mañana, después de repasar mentalmente todo lo que tiene que "actuar" para engañar a sus adversarios, sale de su tienda y con decisión se dirige a los puestos de avanzada; al mismo tiempo, es seguido por su escolta, quienes llevan cuatro antorchas encendidas, los demás soldados de la guardia entienden la señal y también encienden varios brazos de paja, dando la impresión de que el campamento está siendo desocupado.

Napoleón decide abandonar Austerlitz y los espías llevan esa información a sus superiores, y los generales rusos y austríacos interpretan erróneamente este movimiento, creen que los franceses se repliegan hacia Viena y deciden "cortarles" la retirada rodeándolos, ¡la misma estrategia preferida del corso Bonaparte!

El 1 de diciembre de 1805, cuando Alejandro observa los movimientos engañosos de las tropas franceses, está seguro de su victoria y hasta se atreve a decir que "Ese ejército será mío antes de la tarde de mañana". Tranquilamente espera el amanecer del 2 de diciembre, y los optimistas rusos y austríacos están seguros de su victoria sobre las huestes de Napoleón, pero éste despliega una parte de su tropa por el costado derecho, invitando a Alejandro a un ataque por esa porción del terreno desde la altura de Otratzen; así lo hace, el zar cae en la trampa y concentra la mayoría de su ejército en este punto de la lucha.

Transcurren varias horas desde el amanecer y del inicio de hostilidades, y Napoleón tiene la suficiente paciencia como para no precipitarse, espera el mejor momento para atacar. Por fin, ya entrada la tarde, envía al resto de su ejército a una acción que envuelve y atrapa a los soldados enemigos, los acaba y maniata; las desbandada de rusos y austríacos es tal que lo único que alcanzan a escuchar del zar Alejandro es el grito de "¡Sálvese quien pueda!"

Esta famosa batalla y victoria del General corso se presta inclusive para pensar en algunas dotes extrasensoriales, de premonición o de telepatía del Emperador francés, ya que absolutamente todo se da como él lo desea: sobre todo, tomando en cuenta que de haberse llevado a cabo algunos días más tarde, la derrota estaría, indudablemente, del lado francés; pero la astucia e inteligencia militar del Emperador, una vez más, es la clave de su éxito. Está tan alterado y alegre que reúne a su ejército y los aclama de esta manera: "Estoy muy contento de todos ustedes. Han cubierto sus águilas de gloria eterna y a partir de hoy, cualquiera de ustedes que diga *Estuve en Austerlitz* se le responderá inmediatamente: *¡He aquí a un valiente!*" Así festeja un aniversario de su coronación como Emperador de Francia, con una conquista sobre dos de sus más acérrimos adversarios. Su euforia es tal, que un día después de finalizada la batalla de Austerlitz, el 3 de diciembre de 1805, escribe a su hermano José sobre los incidentes más importantes de este enfrentamiento.

El 4 de diciembre del mismo año, los desesperados líderes de los ejércitos perdedores solicitan un encuentro que Napoleón se los concede graciosamente cerca Austerlitz, y da muestras (no verdaderas, desde luego) de querer negociar e incluso de acordar la paz en la región, pero bajo sus condiciones, ya que quiere que Austria esté en paz y no sólo mediante la firma del armisticio. Esa paz debe estar asegurada con la participación y garantía del zar Alejandro I, quien tiene que estar de acuerdo con esto, y además, terminar definitivamente toda relación con los ingleses; pero ya son muchas humillaciones como para soportar otras más por parte del Emperador francés, se resisten y alejan del campo de batalla con todo y su enorme ejército.

Entonces, Austria, indefensa, no tiene otra salida que pactar con el vencedor francés y los prusianos hacen lo mismo. En el poblado de Schönbrunn llegan a un acuerdo de paz con Napoleón en completa desventaja, ya que el terror al corso del ministro prusiano Haugwitz no ha disminuido después del combate, al contrario, aumenta cada día. Por esto, Prusia renuncia a Ansbach, Cléveris y Neuenburg, en Suiza, a cambio de tener posesión de Hannover, sin embargo, están de acuerdo en todos los cambios que proponga y decida el Emperador francés en el futuro.

4

Ocaso y caída de Napoleón

Con esta victoria diplomática, Bonaparte tiene ante sí un enorme panorama de la grandeza de su Imperio, puede apoderarse de la mayoría de los países europeos probablemente con poca oposición, pero entra en conflicto con su Ministro de Asuntos del Exterior, Charles-Maurice de Talleyrand, quien le ha manifestado en varias ocasiones la necesidad de lograr en el viejo continente un perfecto equilibrio de fuerzas (países) y con condiciones naturales.

El Ministro francés señala también que en Europa existen y coexisten cuatro grandes potencias: Francia, Inglaterra, Austria y Rusia, y lo más importante es que se organicen entre ellas, destacando que debe quedar bien asentada y admitida la hegemonía de Francia así como descartada y desterrada la influencia inglesa, a quienes hay que evitar a toda costa y al precio que sea, pues siempre cabe la posibilidad de que puedan aliarse al fomentar la discordia y rivalidad entre Rusia y Austria. Esta rivalidad será el fruto para cuando Austria se convierta en una barrera en los Balcanes, y si se les otorga Moldavia, Valaquia y Bearabia como compensación por haber perdido Venecia y el Tirol, países colindantes con el río Danubio, pueden así ser excluidos de Alemania e Italia e impedirle el total acceso al Norte.

Al revisar la historia, continúa Talleyrand, los más fieros enemigos de Europa eran los turcos, y fueron los valientes austríacos quienes protegieron al continente de este gran peligro. Ahora son los rusos quienes ocupan el lugar de

Austria, por lo que es necesario hacer más fuerte a este país contra ellos ya que así buscará, naturalmente, el apoyo de Francia, pues Rusia desea vehementemente exterminar al Imperio Otomano y con eso será el principal enemigo de Austria, por lo tanto, es muy importante entender y actuar en consecuencia: el verdadero enemigo de Francia y de Europa no es Inglaterra sino Rusia.

Y hay más, desde el 23 de noviembre de 1805, Talleyrand ha estado insistiendo con Napoleón en que: "Lo que ha sucedido siempre, siempre tendrá que suceder. Desde hace muchos años, los bárbaros del Norte asolaron al mundo, destruyendo los reinos existentes. El Imperio Occidental cayó víctima de los godos; luego llegaron los hunos y dieron fin al Imperio Occidental. Los rusos han asumido su tradición, acción que no quieren ver los gabinetes ofuscados. Ahora bien, el mayor reproche que podrán dirigirnos las generaciones venideras será el de no haber empleado toda nuestra inteligencia y todo nuestro empeño en frenar la penetración de los rusos por el Sur. Quieren destruir el Imperio Otomano, quieren destruir el Sacro Imperio Romano".

Talleyrand prosigue con sus argumentos, para convencer al Emperador: "Trabajan con los métodos de la zarina Catalina, quien enviaba a sus ejércitos unos manifiestos tan hermosos, una declaraciones tan inflamadas, que se diría que emprendía sus guerras por amor a la humanidad (¡igual que Napoleón!). Tampoco la Rusia de hoy se lanzará directa y simultáneamente sobre su objetivo, no conquistará abiertamente Constantinopla, sino que socavará imperceptiblemente las bases del Imperio Otomano: provocará insurrecciones en cada una de las provincias; se apoderará de Moldavia y Valaquia, sublevará a los serbios; después dirigirá su atención a Hungría para empezar allí una labor de zapa y formar una facción rusa.

"Para evitar todo esto, es preciso convertir a Austria en la potencia-barrera del Este, cierto que su conducta hasta el presente induce a castigarla, pero si cae, ¿a quién pondría usted en su lugar?, ¿no se le haría el juego a Rusia al no levantar un valladar entre ella y Europa?, ¿no está animada exclusivamente su historia reciente por un afán expansionista hacia el Oeste o Sur?, ¿no han tendido siempre los rusos a dejar sus rudas e incivilizadas estepas por comarcas más suaves y civilizadas?, ¿no han asolado sus ejércitos a Alemania?, ¿es que no han penetrado ya hasta el Rin? Los soberanos estuvieron ciegos y lo están todavía hoy; creen que Francia es su mayor enemigo".

Sin embargo, Napoleón nada quiere saber de fortificar a sus enemigos austríacos, al contrario, desea debilitarlos para depender más de los galos que de sus propias fuerzas y ni siquiera les da el beneficio de una paz digna y gloriosa, es más, cuando dicta el Tratado de Paz en Presburgo, lo hace en forma humillante, vejatoria y por demás intolerante; pierden territorios italianos del sur; en Baviera, el Tirol y Voralberg y a sus tres y medio millones de habitantes.

Este trato inhumano del corso desaloja a Austria del Adriático, queda separada de Suiza por una barrera, y por si no fuera suficiente, también está excluida de Alemania y sin indemnizaciones en el Este, entonces, sólo le que da a los dirigentes de los austríacos una sola posibilidad: la venganza contra los franceses y su emperador, Napoleón Bonaparte.

Pero el Emperador francés no disfruta la victoria, aún le duele la derrota sufrida en Trafalgar frente al difunto Almirante inglés, Horacio Nelson; no soporta la mediocridad y miedo de Villenueve, quien termina atentando contra su propia vida. Este triunfo de la marina británica asegura que la isla nunca será invadida por nadie: Inglaterra sigue siendo la reina de los mares y continúa haciendo y llevado a cabo tratados comerciales con varias naciones europeas. Todo esto es demasiado para una mente tan crítica como la de Napoleón, es por eso que no está satisfecho con la derrota austro-rusa.

Pero no todo es malo para el corso, su buena estrella le permite que otro de sus más grandes enemigos muera de tan sólo 47 años; se trata de el político británico William Pitt, quien durante su vida desarrolla enormes dotes políticas que lo llevan a la Cancillería del Tesoro, y en 1780 obtiene el poder que ostentará ¡17 años!, durante los cuales restaura la Hacienda, organiza al gobierno de la India y cuando es ejecutado Luis XVI, organiza coaliciones contra la República francesa. En 1800 hace votar la unión de Inglaterra con Irlanda y fue uno de los más duros y difíciles adversarios de Napoleón.

Sin embargo, para alguien como el emperador francés, la palabra imposible sigue estando ausente de su pensamiento y piensa atacar a los ingleses bloqueándoles los accesos al viejo continente; necesita controlar a Europa, entonces, sobran los tratados de paz que sólo retrasan sus planes de expansión y por lo tanto, decide "destituir" a los Borbones de Nápoles-Sicilia y Maria Carolina deja de gobernar así de simple, de un día para otro.

Una vez resuelta esta situación, es hora de actuar con la nobleza alemana, avejentada y vanagloriándose de pasadas glorias basadas en la creación del Sacro Imperio Romano Germánico. Decide sacarlos donándoles tierras y derechos en Baviera y Württemberg para que gobierne en estos nuevos reinos; es tal su "afecto" a la buena vida, que cuando son enterados de estos planes napoleónicos, Maximiliano José de Baviera, representante de los nobles germanos, dice: "Es necesario agarrarse al rabo del diablo", y así lo hacen.

Irrefrenable afán de controlarlo todo

Mientras el emperador francés crea alguna institución para deshacerse definitivamente de la nobleza alemana, za alemana, también está al pendiente de todo cuanto acontece cerca de Francia y propiamente, en Roma y el Vaticano. No le gusta que se acerquen rusos, austríacos e ingleses que puedan meter "malas ideas" a los clérigos religiosos católicos y crear problemas de insubordinación hacia el Imperio francés.

Para tal efecto, Napoleón envía desde Munich una misiva al Papa Pío VII el 7 de enero de 1806, y otra carta a su tío, el Cardenal Fesch, mostrando toda su falsa humildad ante el Papa, sus nefastas intenciones de no permitir más intromisiones de extraños en asuntos tan importantes como lo es la religión, además de su inmenso deseo de emular a Carlo Magno y no sólo esto, sino además, sentirse no el sucesor de este conquistador sino inclusive su reencarnación.

No le importa "exhibir" al Papa y a todos los obispos y cardenales, ya que controla los gobiernos, ejércitos, las iglesias, principalmente la católica, a la prensa; se ha convertido en un Dios o en un Demonio, o tal vez los dos al mismo tiempo, pero cuando las situaciones no son del agrado del corso, indudablemente hará todo lo que esté a su alcance, que es mucho, para que estén a su entera satisfacción.

Sin embargo, la respuesta del Papa Pío VII no se hace esperar y responde como no lo han hecho muchos altos militares llenos de medallas al mérito y al valor; le responde a Napoleón en una carta del 21 de marzo de 1806, en la que simplemente le dice que: "Napoleón es el Emperador de los franceses, pero no de Roma. No existe un Emperador en Roma".

Palabras sencillas, llenas de valor e inteligencia y sobre todo, de honestidad, ya que los miembros del Vaticano no tienen por qué seguir órdenes de un Emperador de Francia, y desde luego Rey de Italia, ya que ellos son un Estado independiente, al menos así lo han manejado siempre y ahora no tiene por qué ser la excepción, habrán de esperar la respuesta del General corso, que seguramente no será nada diplomática ni agradable.

Pero antes de esta respuesta, el Emperador Bonaparte insiste en el control de todo lo que se publica y más si son publicaciones religiosas. Desea ejercer una presión asfixiante sobre la prensa, pero principalmente sobre todo lo que publiquen los católicos, ya que siendo la religión de mayor número de fieles, se corre el riesgo de incitar a una rebelión contra el Imperio y tal vez nadie se dé cuenta sino hasta que sea demasiado tarde. Impone la censura como un castigo a los obispos rebeldes y hasta al mismo Papa que no quieren acatar sus órdenes de disciplinarse a las disposiciones imperiales.

Y aun cuando esto parece ser demasiado, el Emperador francés cae ya en el exceso de egolatría y hasta de idolatría y culto a la personalidad, cuando el 12 de febrero del mismo año, dispone que solamente deben celebrarse dos fiestas religiosas en el año, porque "las demás sólo quitan el tiempo a quienes deben estar trabajando". Las fechas que propone serían de risa si no fuera porque son tomadas muy en serio por el General corso.

1. El 15 de agosto, que será la fiesta de ¡San Napoleón!, el natalicio del Emperador y la ratificación del Concordato con el Vaticano durante la cual podrán llevarse a cabo actos de acción de gracias por la prosperidad del Imperio y borrar el carácter religioso anterior con una procesión, casi cien por ciento militar y no religiosa.
2. El primer domingo después del día que corresponda al 11 de Frimario, se deberá conmemorar tanto el éxito del Gran Ejército como la ocasión de la coronación, "permitiendo" que un miembro del clero católico pueda predicar un sermón, mencionando especialmente a los ciudadanos de la localidad que cayeron en la Batalla de Austerlitz.

Con esto, Napoleón demuestra que su ego no cabe ya en un cuerpo tan pequeño como el suyo, y por eso, le es imperioso (nunca mejor aplicada esta palabra) disponer de todo y de todos.

Aparte de que Napoleón es un proteccionista de productos franceses, ¡también quiere imponer la moda entre la nobleza! Pero si esto no es suficiente, también se entromete en la vida privada de muchos de sus militares (hecho que ya se ha apreciado frecuentemente con sus familiares), y más en el caso del Mariscal y jefe del Estado Mayor, Louis Berthier, a quien premia después de la victoria en Austerlitz en 1805, con el Principado de Neuchâtel, cedido por Prusia, y que tiene como amante a la señora de Visconti con quien le ordena que se case o le retirará su amistad y apoyo.

Así es como Napoleón transforma todo lo que toca o está alrededor suyo, o incluso, lejos, ya que lo mismo ordena bodas que censura periódicos, carteles y hasta libros, como es el caso de *Elementos de la Historia de Francia* de Millot, aparecido por vez primera en 1767, ¡dos años antes del nacimiento de Napoleón!, y con el que no está de acuerdo y exige que se suprima y elimine su acceso a la gente. También dispone de los trabajos que deben desempeñar los prisioneros, aunque tal parece que a la única que no puede controlar nunca es a su esposa Josefina, aunque ella ya no se dedica a vivir tan aprisa como cuando conoció y se casó con Napoleón; inclusive, se piensa que realmente se ha enamorado del Emperador y por eso ha cambiado sus hábitos escandalosos por los de la "virtuosa" esposa de un soberano.

Transformación de Europa

Después de ganar la batalla de Austerlitz, Napoleón concluye que es necesaria la creación de una Confederación que él denomina del Rin, la cual debe caracterizarse por ser un conjunto jurídicamente soberano en cada uno de sus miembros, quienes deben depender de Francia y apoyar sus políticas en todos los órdenes, al mismo tiempo que los galos harán suyos los intereses de los confederados para "encauzarlos" mejor... en lo que convenga al Imperio.

Así, el 20 de julio de 1806 es suscrita la Confederación del Rin, conformada de 16 príncipes que reconocen a Napoleón como su protector y ponen a su disposición a 63,000 hombres efectivos. Entre ellos, el General galo elige a alguien que le sea útil y fácil de manejar: el lugarteniente Dalberg, quien es ascendido a la categoría de Príncipe Primado del ducado de Francfort.

Napoleón elige a Dalberg porque éste sabe cómo alabarlo. Meses antes le había expresado: "La respetable nación alemana gime en la miseria de la anarquía política y religiosa. ¡Sea usted el restaurador de su Constitución!, para que resurja bajo el Emperador Napoleón el Imperio de Occidente, compuesto tal como lo fue con Carlo Magno, por Italia, Francia y Alemania".

Pero los planes del corso son los de dejar que el Sacro Imperio Romano Germánico se hunda solo como un barco herido con los certeros disparos de los cañones enemigos; obliga al Emperador Francisco II a renunciar a la corona imperial y así, no se mancha las manos con desapariciones y asesinatos de personajes de la nobleza alemana.

Inglaterra y la familia: preocupaciones del emperador

A pesar de estos inesperados aliados, el Emperador francés está pensativo. No comprende todavía cómo deshacerse o cuando menos cómo aislar a los odiados ingleses del resto de Europa; domina a Alemania e incluso, la mayor parte de su ejército está acampado en este país porque aún no toma las debidas decisiones para acabar, de una vez por todas y para siempre, con Inglaterra.

Ha influido lo más que puede con Austria para que nunca más vea con buenos ojos otra alianza con los británicos; ha reprimido a Prusia hasta casi hacerlos desaparecer del mapa, y de alguna manera estos dos accesos están controlados, sin embargo, falta hacerlo con los litorales alemanes.

Piensa en crear un cuerpo de Príncipes Electores fieles al Imperio de Francia, que a su vez, sirvan de Estado-tapón contra Prusia y de Estado-barrera contra Inglaterra, por lo que piensa además en Frisia Oriental, Bremen, Verden y una parte de Hannover, pero prefiere darle una solución a corto y mediano plazos al crear el Gran Ducado de Berg.

Y, ¿en quiénes tienen más confianza el Emperador Bonaparte? Como él mismo lo ha expresado, en quienes se han ganado su confianza y respeto, y en sus familiares, a quienes desea dejar como pilares de una nueva dinastía: la napoleónica; y piensa: "Tengo que sacar a la luz a los míos y el que no ascienda conmigo no pertenece a la familia".

Esto lo ha empezado a hacer desde hace tiempo, su hermano José ya es rey de Nápoles y su hermano Luis, de Holanda; su hijastro Eugenio Beuaharnais es Virrey de Italia, casado con Augusta, la hija del rey de Baviera; el cuñado Joachim Murat pronto será designado como el Duque del nuevo Berg, y Jerónimo, su hermano menor, está a la espera de saber qué le va a tocar; pronto será el Rey del nuevo reino de Westfalia, aunque tiene serios problemas con el Vaticano, ya que su divorcio de la hija del comerciante Patterson está en proceso porque el Papa Pío VII se ha negado sistemáticamente a concederle la separación, pues para el catolicismo, el matrimonio es indisoluble y esto enoja muchísimo a Napoleón, quien al ver que sus presiones no dan resultado, una vez más recurre a la familia, concretamente a su tío, el Cardenal Fesch, que es el representante de Francia dentro del Vaticano y tiene que soportar la ira del Emperador. Éste le dice a su familiar: "Si a esos idiotas les parece inconveniente que una princesa protestante ocupe el trono francés, voy a enviarles un buen día a un protestante de embajador",

Mas como la presión no funciona por el lado religioso, acude entonces, otra vez, a la mansedumbre y docilidad de los miembros de la Cámara de senadores para que sean ellos los que declaren nulo el matrimonio de Jerónimo Bonaparte, y así éste pueda contraer nupcias con Catalina, otra protestante, hija del Rey de Württemberg, elegida por Napoleón para su hermano.

Y de sus hermanas, Elisa es la duquesa de Lucca, Piombino y Toscana, y Paulina ya tiene el ducado de Guastalla. Sin embargo, el Emperador no deja fuera a sus colaboradores de siempre y de confianza: Charles-Maurice de Talleyrand es Príncipe de Benevento Louis Berthier de Neuchâtel y Bernardotte de Ponte-Corvo así como algunos más, e incluso, una sobrina adoptiva de Josefina alcanza "trabajo" en cuanto se case con el príncipe heredero de Baden.

A pesar de todo, Napoleón no puede controlar la vida del único de sus hermanos que no acepta nada que venga de él. Se trata de Luciano, quien ha rechazado varias ofertas de ceñirse coronas de diversos países o ciudades, y que no está de acuerdo con las decisiones de su filial. Esto permite ver un enorme contraste entre estos peculiares hermanos: Napoleón es imperativo, insolente, intolerante, inteligente y sumamente astuto; en cambio, su hermano Luciano posee una enorme calidad humana, es generoso aunque también ostentoso y gran amigo de la ambición y es igualmente inteligente como su famoso hermano; incluso, a Luciano la historia lo recuerda como un pilar de Napoleón cuando el general Bonaparte estaba en un problema muy grave para lograr su ascenso al poder.

Así pues, Luciano no quiere saber nada de su hermano, y es tal su desapego familiar que al quedar viudo, contrae nuevas nupcias sin "informárselo" (entiéndase, pedir autorización) a Napoleón y éste, lleno de cólera, le exige la separación de su nueva esposa a lo que se niega terminantemente. Parece ser que no hay comparación entre la esposa de Luciano y la que le ha asignado Napoleón; la primera es una dama burguesa sumamente atractiva e ingeniosa, en cambio, la elegida por el General corso, es fea, pequeña e insulsa: se trata de la también recién enviudada infanta de España, la reina de Etruria.

El aislamiento familiar decretado por Napoleón sobre Luciano, es el castigo por no haber "obedecido sus órdenes", y gracias a esta separación, el hermano incómodo decide marcharse a Roma, y dos años más tarde, lo hará hacia Inglaterra, el único país donde Napoleón no podrá molestarlo jamás.

Es tal su obsesión por lograr que sus familiares y amigos gobiernen en reinos legítimos que en lo primero que piensa es en contar con la bendición papal; pero en vista de las circunstancias y la mala relación con Pío VII, lo mejor es que, quien contraiga matrimonio lo haga con miembros de dinastías de reconocido abolengo y prosapia.

Con esto, Napoleón le da un carácter de realeza a su familia, pero también reinaugura una de sus formas más abominables, lo que hasta nuestra Era aún se conoce como nepotismo, es decir, dar preferencia a los parientes aunque no sepan hacer nada.

Así es el entorno familiar de Napolepón Bonaparte, se siente (y en muchos sentidos lo es) dueño de las vidas de sus familiares y amigos, y como en un ajedrez, acomoda y mueve sus piezas para dar el golpe final que le asegure el jaque mate sobre sus rivales y enemigos, "¡quien no está conmigo, está contra mí!", decreta el Emperador y sólo distingue a dos tipos de personas: amigos y enemigos; no existen términos medios ni neutralidades y así será hasta los últimos minutos de su vida.

Lo más importante es la paz

Una vez acomodadas las piezas del ajedrez familiar y dominados amplios territorios europeos por el Imperio francés, entonces sí, la paz continental es un imperativo del Emperador Bonaparte. Lo primero es empezar con los ingleses y aunque ya falleció Pitt, su lugar es ocupado por

Charles James Fox, quien es el actual Ministro Secretario de Estado para Asuntos Exteriores de Inglaterra y con quien tiene que negociar el acuerdo de pacificación de Europa, sin dejar fuera, desde luego, al zar ruso Alejandro I, que no acaba por decidirse en definitiva si está con el Imperio francés o con la corona inglesa; pero tres acontecimientos impiden que se llegue más allá de la mesa de negociaciones.

El primero se debe a un deplorable acto de censura y sentencia de muerte sobre editores y escritores denominados "hostiles" por Napoleón y que éste ya no está dispuesto a tolerar más. Por esto, escribe una carta al Mariscal Louis Berthier el 5 de agosto de 1806, manifestando su naturaleza irascible e intolerante al acusar a los vendedores de libros y condenarlos a muerte.

Y como una orden del Emperador no se discute, Palm, Schröderer y Meikle son condenados por una Corte militar francesa en Braunau, el 25 de agosto de 1806, por publicar y distribuir un panfleto llamado *Deutschland in Seinier teinen Erniedrigung,* que deplora la ocupación de Alemania. Tiempo después, Palm es aprehendido y fusilado, causando un tremendo dolor y disgusto en la corte germana y principalmente al Rey.

En segundo lugar, en septiembre, también muere Charles James Fox , con quien se estaba negociando la paz con Inglaterra. Este es un golpe tremendo para los fines pacificadores.

Y tercero, estos dos acontecimientos, (el asesinato de Palm y la muerte de Fox) hacen despertar al Rey alemán Federico Guillermo, quien ya no puede ni quiere soportar más humillaciones por parte del Imperio francés; su ánimo se subleva, abre los ojos a la realidad de que, hasta ahora, sólo es una figura decorativa y desechable de Napoleón, por lo que invoca al patriotismo, y este sentimiento es imitado también en el gobierno de Prusia.

Así pues, se gesta otra posible cuarta alianza contra los franceses y su emperador, quien quiere que todo mundo piense, actúe y hable como él lo hace, incluso, les dice a los judíos lo que deben hacer para ser bien recibidos en Francia y en otros países, ¡quiere manejar un Sanedrín acorde a sus intereses y sus propias ideas!

Sin embargo, los países dominados o que han pactado tratados de paz con Francia, desean continuar con esa paz ficticia, humillante, degradante e inútil, aunque tengan que vivir bajo el yugo del emperador Bonaparte. Sólo basta observar para saber que lo que quiere Napoleón es llegar a un pronto acuerdo de paz con Inglaterra, sin importarle a quién tenga que pisotear o hacer a un lado, dando claras muestras de desprecio y de ningún respeto por las demás naciones.

Otra guerra, otras victorias

Si alguien no respeta los tan buscados tratados de paz es el mismo Napoleón Bonaparte. Siente que Prusia está tentada a iniciar otra batalla contra el Imperio francés gracias al apoyo de Rusia, mas esto no logra inquietar al corso, quien tiene la seguridad de que Federico Guillermo es un medroso y miedoso, y que no hará nada en su contra.

Pero como las precauciones nunca están de más, el General Bonaparte hace saber a Federico, con toda la cortesía (por no decir hipocresía) de la que es capaz, que debe detener a su ejército y disminuir las tropas acampadas en Westfalia, aunque él no ha respetado el acuerdo sobre el retiro del Gran Ejército francés del sur de Alemania.

Por supuesto los plazos sólo deben cumplirse por parte de los avasallados, y por esto, Federico Guillermo moviliza sus tropas el 9 de agosto de 1806, logrando una manifestación pública de parte de Napoleón, en la que el soberano expresa su deseo de seguir las negociaciones de los tratados de paz, aunque corre el fuerte rumor de que desea hacer lo mismo con Inglaterra, sólo que en forma separada y sin involucrar a los demás países europeos.

Pero este movimiento militar de Prusia no inquieta en lo más mínimo al Emperador francés, tan es así, que el 12 de septiembre del mismo año envía una misiva a su Ministro del Exterior, Talleyrand, misma que no refleja preocupación alguna sobre la posible paz o guerra con Prusia. Sin embargo, como buen militar, Napoleón no descuida el rearme y movimiento de las tropas prusianas, tiene una observación permanente sobre cualquier movimiento sospechoso de sus enemigos y hasta de sus amigos, lo analiza, lo visualiza mentalmente sobre los mapas, y después "casi adivina" lo que tienen planeado llevar a cabo sus antagonistas.

No obstante, se equivoca en su menosprecio a Prusia, porque el patriotismo y valentía de ese momento de furor e ira que siente Federico Guillermo lo llevan a hacer público un manifiesto de guerra que le devuelve a Prusia un poco de el honor perdido hace tiempo, cuando el ejército marchaba orgulloso de ser prusiano y de Federico el Grande cuando las armas tenían que limpiarse con esmero para eliminar las manchas de fango y sangre de los enemigos que insultaron a su patria y que han pagado muy cara su osadía.

Lamentablemente, lo único que queda de ese orgulloso ejército son los uniformes limpios y planchados y las espadas relucientes sin haber entrado en la carne de algún ofensor de la patria y lo que es peor aún, la mayoría de los soldados son polacos y mercenarios que no mueven un dedo si no hay el pago respectivo por sus servicios. Mas el extraño entusiasmo por la guerra contra los franceses de Federico Guillermo lo impulsa a estar al frente de sus soldados, quienes son comandados por el anciano duque Fernando de Brunswick, quien dejó inconclusa la batalla de Valmy del 20 de septiembre de 1792, cuando se retiró de Francia al no poder llevar a cabo con éxito la primera campaña bélica contra la Revolución francesa, por lo que la pregunta que circula entre los propios prusianos es: "¿Cómo va a vencer ahora quien entonces fracasó tan ignominiosamente contra unos generalillos?"

Y esto es verdad, ya que muchos de esos generalillos son ahora generales y mariscales de mucho nombre por haber participado en batallas muy cruentas y sanguinarias, y haber salido triunfadores de ellas. Es más, son militares totalmente leales a Napoleón y a sus exitosas estrategias en los campos de batalla, así que, ¿cómo vencer a un ejército como el francés completamente entrenado y preparado como una máquina de exterminio, cuando los soldados prusianos sólo tienen su entusiasmo y un patriotismo a toda prueba, pero que no son suficientes para vencer a un genio de la guerra como Napoleón?

La respuesta parecen tenerla en un buen plan estratégico: avanzar desde Turingia hacia el Sur y cortar las líneas de enlace del Emperador Bonaparte. Un plan sencillo pero que de lograrse sería de enormes repercusiones negativas para el Imperio francés, pero... tiene un grave inconveniente que no pueden superar los generales prusianos: su ejecución debe llevarse cabo con prontitud y rapidez.

Y para ese tipo de acciones militares nadie como el General corso, quien al conocer los movimientos del ejército más grande jamás formado por Prusia y que ya está en camino se coloca rápidamente al frente de su gran ejército y empiezan las marchas forzadas a las que están acostumbrados los soldados franceses, encaminándose hacia el Norte para llegar antes que sus enemigos a la selva de Turigia.

Así, el 10 de octubre de 1806, inicia los ataques en Saalfeld, defendida por el príncipe Luis Fernando, pero es tal la superioridad francesa que no tarda en caer el noble defensor, y de un sólo golpe, los sorprendidos prusianos son quienes ahora están en desventaja, aunque no lo quieren ver así, e incluso, envían un ultimátum al Emperador francés para que se rinda. La respuesta, después de sonreír abiertamente, es por demás elocuente y altanera, ya que profetiza a su "hermano de Prusia" que sufrirá una dolorosa y costosa derrota que será su fin.

Pero si Napoleón es altanero, Federico Guillermo y sus generales son estúpidamente orgullosos e insensatos, ya que en lugar de ver de manera objetiva la desventajosa situación en la que se encuentran, no sólo no dan la orden de retirada para unirse con las tropas rusas y sajonas, sino que lo hacen con la de avance, y esto, es una orden hacia la muerte segura.

La campaña inicial en Sajonia dura seis días, del 8 al 14 de octubre de 1806, dejando fuera de combate a Prusia, que sufre una doble derrota en Jena y Auerstedt. El primer ejército prusiano sucumbe ante el Mariscal Davout, quien logra imponerse a pesar de contar con menos soldados que sus contrincantes y si eso sucede aquí, Napoleón, al frente del gran ejército francés, derrota al segundo de Prusia comandado por el General Hohenlohe.

Todo ocurre tal y como lo planea el Emperador galo; divide al adversario y se coloca en medio, controlando todo movimiento que pueda revivir la batalla ya ganada. Sucede como lo tiene calculado, y al respecto comenta: "Nunca un ejército sufrió derrota tan completa de aniquilación tan total".

Y en verdad que así fue, ya que los prusianos no sólo son derrotados aplastantemente sino que los generales sobrevivientes se acobardan ante las persecuciones y tienen que rendirse de la forma más avergonzante que puede sufrir un militar.

Con esto, el Emperador Bonaparte tiene libre el camino para llegar hasta Berlín, acontecimiento que ocurre el 28 de octubre. Entra por la puerta de Brandeburgo y asombrado ve que es recibido por una entusiasta población que demuestra ser totalmente servil y sin orgullo alguno, al dar la bienvenida a quienes han derrotado a su gente, sus soldados y a su Rey.

Y para quedar bien con ellos, va hasta la cripta del Rey Federico el Grande, se inclina ante al sarcófago y queda en actitud de oración, pero sólo él sabe en qué está pensando. Después, se apropia y adorna con la Orden, espada y fajín del glorioso Rey prusiano, son sus trofeos más preciados y codiciados durante mucho tiempo, y ahora son suyos.

Pero también es suya la posición privilegiada de negociación con el derrotado Federico Guillermo, a quien le exige que rompa todos sus vínculos con Rusia, que se haga su aliado en esta interminable guerra europea, y además, que le ceda la mitad del territorio que abarca Prusia, ya que quiere reducirla a su mínima expresión y dejar así de ser una amenaza constante para el Imperio francés.

Pero la negativa por parte del Rey prusiano no se hace esperar, aunque no se debe a que sea muy valiente y desafíe al General Bonaparte, sino porque su esposa, la reina Luisa, es una mujer decidida, con carácter para enfrentar valerosamente cualquier situación adversa, y sobre todo, tiene mucha confianza en Dios y en la buena suerte.

Y esa fe es recompensada cuando inicia la segunda campaña bélica en Polonia, la cual dura seis meses, pues al llegar el invierno, cualquier movilización de tropas es considerado como un suicidio seguro. Napoleón también lo comprende así, lo vivió en Egipto y no desea volver a pasar por esta experiencia, pero como la guerra ya está iniciada, pone en marcha su enorme ejército.

Ahora sabe que está al filo del peligro, no nada más por esta extremosa estación del año, sino porque las tropas prusianas que no murieron o fueron hechas prisioneras, se han unido a las de Rusia y están también en el largo camino de un encuentro contra los franceses. Sin embargo, este ejército no es el mayor peligro al que se enfrentan el General Bonaparte y sus soldados, menos acostumbrados a este intenso frío polar, hay además que librar caminos llenos de barro, que al paso de los días se convierten en blancos mantos de nieve y deben afrontar bosques donde la vista no alcanza a distinguir más allá de unos cuantos metros.

El avance es sumamente penoso, los víveres se acaban y casi no hay animales para cazar, los refuerzos son pocos y grande el número de bajas, pero Napoleón no es un tipo fácil de vencer y ni la naturaleza puede hacerlo en esta ocasión, lo más que logra es retrasarlo en su afán por toparse y enfrentar a los rusos y aliados.

Al pasar por las ciudades, sobre todo en Polonia, el Emperador se da tiempo para escribir y el 2 de diciembre de 1806, estando en la ciudad de Posen, manda una cariñosa carta a su esposa Josefina diciéndole cuánto la extraña. Sin embargo, durante el siguiente mes y año, conoce a la condesa polaca Marie Laczinski, esposa del conde A. C. Walewski y el tono de sus cartas hacia la emperatriz empiezan a cambiar ya que cuando ésta le sugiere ir a su encuentro, Napoleón le pone todo tipo de pretextos para impedirlo.

La verdadera razón de esta negativa es que Napoleón ya ha dejado de quererla, curiosa y paradójicamente, cuando Josefina por fin ha comprendido el gran amor que siente por el Emperador; demasiado tarde, ahora el corazón del corso late por Madame Walewska a quien dirige ahora sus palabras más amorosas.

Napoleón y Marie Laczinski se conocen durante un baile en Varsovia, cuando ella le es presentada como la joven esposa de un viejo conde polaco por amistades mutuas. Pronto será su amante y también le dará un hijo, caso contrario de lo que pasa con Josefina, quien ya no puede concebir hijos a quienes heredar la corona del Imperio francés, dos factores demasiado fuertes como para dejarlos al azar o al destino. Napoleón está acostumbrado a que él mismo forja su hado y ésta, no será la excepción.

Empiezan a surgir las notas para la condesa Walewska como la que le envía en enero de 1807: *"Sólo la miré a usted, sólo la admiré a usted, no quiero a nadie más que a usted. Contésteme de inmediato y sacie la impaciente pasión de N".*

O ésta otra: *¿No le agradé, Madame? Tenía razones para esperar que usted podría... O tal vez estaba equivocado. Mientras mi ardor se incrementa, el suyo está avanzando con más lentitud. ¡Está arruinando mi reposo! ¡Ah!, conceda unos cuantos momentos de placer y felicidad a un pobre corazón que sólo está esperando adorarla. ¿Es tan difícil permitirme tener una respuesta? Me debe dos.*

Y así, la aparente indiferencia de la condesa Walewska únicamente enciende más la pasión y el amor de Napoleón y las cartas continúan llegándole. Y después de tantos ruegos, la condesa de Walewska cae por fin en las redes amorosas del Emperador convirtiéndose en su amante, y después de estos encuentros amorosos Napoleón tiene que continuar su penosa marcha para llegar hasta donde se encuentran sus enemigos. La ocasión de enfrentar a rusos y prusianos por fin se presenta iniciado el segundo mes de 1807, en Preussisch-Eylau, lugar en donde se lleva a cabo una de las batallas más sangrientas y mortales libradas por los soldados de Napoleón y los militares ruso-prusianos, a quienes derrota después de dos días de no parar de luchar. Es una batalla que no pierde gracias a su buena estrella, que parece empeñada en hacer que posibles derrotas se conviertan en gloriosas victorias francesas.

Unidos contra el emperador

Después de la batalla de Preussich-Eylau, parece que el Emperador Bonaparte empieza a cansarse de la guerra, ya que todos sus esfuerzos van encaminados a la vía diplomática para tratar de llegar a posibles acuerdos de paz con las demás naciones europeas, sin embargo, no rehuye ni elimina la posibilidad de más encuentros en el campo de batalla, si es preciso hacerlo.

Estrecha su relación con Turquía porque están en guerra contra los rusos, los más peligrosos enemigos de Francia, después de Inglaterra. Entabla muy serias pláticas con el

Sha de Persia (hoy Irán) para junto con los turcos, organizar el Próximo Oriente contra los británicos, sin descartar la posibilidad de ir hasta la India con su ejército para presionar aún más a los ingleses.

Pero Inglaterra no está a la espera de ver y conocer qué hace Napoleón para actuar ellos, esa es una posición reactiva y poco conveniente para los gobernantes de las islas británicas. Ellos también están en su rejuego de formar una coalición contra las fuerzas armadas de Francia, por lo que motivan a Suecia para que actúe militarmente desde Stralsund, trabajan diplomáticamente con España para atraerla a su lado, dada su inconformidad contra Napoleón, y ni que decir de la sed de venganza de los austríacos acumulada a lo largo de los años, y de las derrotas infringidas por las huestes napoleónicas.

Este conjunto de fuerzas antifrancesas se está gestando y pueden agregarse algunas otras naciones en vista de las cada vez más extremosas exigencias de Napoleón en los tratados de paz, que son los clásicos abusos del triunfador sobre el derrotado o vencido.

Y en esta labor, Napoleón está al tanto de lo que acontece en las islas británicas, por lo que da instrucciones a su Ministro de Policía, Joseph Fouché, para que toda Europa esté enterada de la guerra religiosa desatada en Irlanda entre católicos y protestantes (¡guerra iniciada en la revuelta de Daniel O'Connel por los derechos de los católicos en Irlanda en 1805 y que, iniciado el siglo XXI aún no termina!). El medio para hacerlo es una fuerte campaña permanente de prensa, (ahora sí son útiles al Imperio), es decir, utilizar a los periódicos para difundir estas batallas que amenazan con convertirse cada vez más sangrientas, por lo que ésta es una oportunidad que el emperador francés no dejará pasar.

Mientras Napoleón está ocupado en estos asuntos de manipulación informativa, sus enemigos consolidan el proyecto de coaliarse en su contra, lo cual se logra el 26 de abril de

1807 con la llamada Alianza de Bartenstein, en la que participan Inglaterra, Austria, Suecia, Dinamarca, y desde luego, Prusia y Rusia; el primer objetivo: desalojar a las tropas francesas de Alemania.

Pero, una vez más, Napoleón no pierde el tiempo y consolida sus posiciones, fortaleciéndolas, proveyéndolas de víveres, aumentando el número de soldados y lo mejor, no está ya en terreno enemigo. Así, cuando el sol primaveral ya está en auge, el Emperador se apodera de posiciones polacas en Prusia, ofreciéndoles a los polacos, si se unen a él, una nueva y progresista vida nacional; está alerta a los movimientos y doble lenguaje de los responsables de establecer la paz con él, llegando a un punto en el que parece que existe un equilibrio de fuerzas entre los aliados y Francia, por lo que se hace inminente en la consecución de una tregua.

Mas ese mentado equilibrio es ficticio, está cercano el aniversario de Marengo, que es el 14 de junio, por lo que para el 10 del mismo mes, las hostilidades han vuelto a ser la noticia: los rusos rechazan el ataque del Mariscal Soult en Heilsberg. Sin embargo, Napoleón se mueve con rapidez, como es su costumbre y en Frisia ataca con un ejército superior al del zar y lo derrota en forma aplastante y aniquiladoramente, y por si no es suficiente, las tropas prusianas también son vencidas cerca de Könisgberg sufriendo innumerables bajas.

Y si lo que deseaba la coalición era desalojar a Napoleón de Alemania, ahora él se ha apoderado de casi toda la Prusia oriental y los derrotados en los dos campos de batalla se retiran apresurada y vergonzosamente. Es tal el dolor por la pérdida de 30,000 soldados rusos que el duque Constantino de Rusia reclama a su hermano, el zar Alejandro I, que esa no fue una batalla militar sino una verdadera carnicería, por lo tanto, es imperioso establecer un armisticio con el Emperador Bonaparte.

El zar no está acostumbrado a decidir bajo presión (o sin ella) por lo que empieza a pensar que la derrota sufrida ante las tropas francesas es por culpa de los ingleses y también por su culpa, se disolverán los compromisos contraídos con Prusia, ahora reducida a cuatro provincias, y aunque Alejandro tiene prohibido firmar cualquier tratado de paz o armisticio, lo hace con Napoleón, quien ni tardo ni perezoso, lo abruma con su alta diplomacia.

Envía al General francés Duroc, duque de Friuli, experto en asuntos especiales, a tratar con Bennigsen, indicándole que la línea a seguir es hacerle creer que Rusia no es enemiga de Francia, sino solamente un amigo engañado, por lo tanto, el trato debe ser de magnanimidad y no de castigo. Al escuchar Bennigsen que Vístula debe ser la frontera na-

Napoleón y Alejandro I se reunen en Tilsit.

tural de los extensos territorios rusos, considera que son las palabras mágicas que espera Alejandro para declarar la alianza de Rusia con Francia, algo que "siempre ha sido mi deseo desde hace mucho tiempo y sé que sólo ella puede garantizar la felicidad y tranquilidad del mundo", expresa el zar.

Y para reafirmar esta alianza, qué mejor que la reunión de los dos líderes, lo cual sucede el 25 de junio en Niemen, cerca de Tilsit, ¡sobre una balsa!, ya que el río separa a los dos ejércitos. Napoleón y Alejandro avanzan hacia el centro del río, un lugar neutro, ambos emperadores son muy jóvenes, el corso de 38 años y el zar de 30, los dos son embusteros, ladinos, mentirosos, mustios y tratan de alabarse mutuamente, como si realmente tuvieran una amistad de mucho tiempo.

En medio del río no existe el protocolo ni las buenas formas diplomáticas, sin embargo, después de mucho hablar sobre la situación de Europa, de los posibles enfrentamientos, Alejandro I asegura al militar francés que odia a los ingleses tanto como él, y Napoleón contesta rápidamente: "Entonces, la paz está hecha".

Termina la reunión y los dos están gratamente impresionados uno del otro, desaparecen sus temores y están dispuestos a llevar a cabo sus acuerdos, sobresaliendo el de la paz.

Al día siguiente vuelven a reunirse y sólo a petición del zar es que el Emperador francés accede a que intervenga en las pláticas de armisticio el inconsistente rey de Prusia, Federico Guillermo, quien no sabe cómo actuar ante los otros dos soberanos. No habla y cuando lo hace se expresa con torpeza y sin que se entienda lo que desea decir; no sabe ser el líder de una nación ni lo que es conveniente para ella.

Y quien más sufre por esta indefinición y hasta cobardía del rey de Prusia es su esposa, la reina Luisa, lamentando que su cónyuge no tenga los tamaños suficientes para imponer sus condiciones, aún siendo un soberano derrotado, para no perjudicar a su gente. La reina también sabe que si no es por la intervención del zar, Napoleón ya hubiera hecho desaparecer para siempre a la dinastía Brandeburgo-Prusia, ocasionando el grave problema de no saber a quién entregar los territorios desocupados; por eso, se conforma con reducir a esta nación y convertirla en unas cuantas provincias, lejos de la majestuosidad lograda por Federico el Grande.

Napoleón no permite, bajo ninguna circunstancia, que la reina Luisa lo haga cambiar de idea y opinión, y Prusia cede todos sus territorios del lado oeste del río Elba y una gran parte de lo ganado a Polonia; pierde a cinco millones de habitantes, la mitad; está comprometida a un pago como indemnización de la guerra perdida; conserva un corredor estrecho que la une a la Pru-sia Oriental y tiene que cerrar todos sus puertos a Inglaterra.

El zar y el Emperador acuerdan también en Tilsit un pacto de ayuda mutua y de defensa, Alejandro está de acuerdo con los cambios efectuados por el General francés en Europa Occidental; accede a la creación de un reino en Westfalia constituido con territorios de Brunswick, Prusia y Hesse; la erección de un ducado de Polonia, teniendo como rey al de Sajonia e incorporado a la Confederación del Rin. Pero no es todo, el ruso también está de acuerdo en renunciar a las Islas Jónicas y Cattaro, y desalojará los principados del Danubio, de Moldavia y Valaquia; como compensación, el territorio polaco que pertenecía a Prusia, ahora será ruso. Sin embargo, a lo que parece ser que no llegan realmente es a un arreglo sobre la paz, y de cómo serán aceptados estos cambios territoriales por los demás naciones del viejo continente. Si no se logra satisfacer a todos los soberanos involucrados y a la nobleza no se le respeta su *status quo*, no habrá paz ni tan siquiera en el corto plazo.

Para muchos historiadores, este pacto franco-ruso es el inicio del fin del Imperio napoleónico, ya que, para que re-

sulte tal y como es concebido, no debe haber el más mínimo resquebrajamiento en la concepción del continente, y
esto lo sabe muy bien Inglaterra, por lo que presiona a Dinamarca para que se le una. Para ello, el Duque de Portland
llama a su recientemente nombrado Ministro del Exterior, George Canning, quien se distingue por sus ideas liberales pero sumamente inflexibles en sus propuestas y
decisiones.

Dinamarca no accede a traicionar a Francia y mucho a
menos a ceder toda su armada a los ingleses. Estas absur-
das peticiones son sólo un pretexto para poder invadir
Copenhague, por lo que el 2 de septiembre de 1807, la flota
inglesa hace su aparición, desembarca parte de sus tropas
bloqueando así el acceso a este puerto por tierra y mar.
Además, como castigo a su negativa de unión, desencade-
nan un enorme y voraz incendio en la ciudad, y para evitar
mayores daños, los daneses deciden ceder su flota a los británicos.

Entonces, Napoleón recuerda al zar ruso que el Sund (estrecho al norte de Europa, entre el Seeland danés y Escania
sueco, comunica al Sur con el mar Báltico y al Noroeste con
el estrecho de Kattegat. Allí también se encuentran las Ven,
Salthome y Amagar, tiene escasa profundidad y muchísimo tráfico marítimo), es de dominio francés, pero ahora,
con la intervención inglesa, los tratados de paz empiezan a
tener pequeñas fisuras que si no son reparadas inmediatamente pueden convertirse en grietas y más tarde en ruptu-
ras que originarán, una vez más, otras guerras en el viejo
continente.

A su favor, a pesar de ser impositivo e intolerante, Napoleón sabe que es mayor el odio hacia los ingleses que por el
Imperio francés, ya que la potencia marítima de las islas
británicas es considerada como de tiranos por su nefasta
forma de hacer la guerra basada en amarrar, controlar y
evitar el comercio de las naciones conquistadas. Al bloquear

esta actividad, todo el país se derrumba y tienen que hacer tratados sumamente desventajosos con los ingleses.

Disgusto de Napoleón

Con la invasión a Copenhague, el emperador francés monta en cólera, ya que además los ingleses controlan la mayoría de las costas del Mar del Norte y hasta las desembocaduras de los ríos Elba y Weser, por lo que se apresta a hacerles tragar de su propia medicina con un bloqueo general a Inglaterra; esto significa, literalmente, cierre hermético del continente. Para ello, se basa en el Decreto de Berlín del 21 de noviembre de 1806, al cual hacen modificaciones para que aparezca el también Decreto de Milán del 23 de noviembre de 1807, que entre sus cláusulas destaca que todo navío neutral que toque puertos ingleses podrá ser presa de cualquier otro barco europeo, y se considerará un barco pirata a todo aquel que se someta a disposiciones de contrabloqueo decretadas por los británicos.

Un mes antes de este decreto, Napoleón está disgustado con los gobernantes de Portugal porque no han cerrado sus puertos a las embarcaciones inglesas, y para poder llegar hasta este país, necesita la ayuda de sus vecinos inmediatos, España, por lo que manda una carta el 12 de este mes al rey Carlos IV en la que le dice que espera su "enérgica cooperación" para cerrar puertos al comercio inglés y excluir a Inglaterra del continente.

Y España se deja seducir por el corso, quien obtiene la valiosa aportación incondicional de Manuel Godoy Álvarez de Faria Ríos Sánchez Zarzosa, político y militar español, protegido de los reyes Carlos IV y María Luisa, cuya riqueza, curiosamente, se debe a sus debilidades y a que es Ministro de Estado. Él es con quien el Emperador francés hace tratos, y desde luego, alguien que con tan débil carácter, jamás se opondría a un militar tan sagaz y seguro como Napoleón.

Pero pronto se van a arrepentir la corte y el pueblo españoles, ya que esta negociación será la llave que abra la puerta de la intromisión al General corso en los asuntos internos de los ibéricos. En tanto, los hará soñar con que se repartirán el territorio de Portugal, una vez conquistado por los soldados franceses, y que a España le corresponderá el extremo meridional.

Así, una vez concluidas las pláticas entre francos y españoles, el ejército galo se apresta a atravesar los Pirineos, y para cuando el militar francés Andoche Junot, (conocido entre la tropa como "Sargento Tormenta" por su bravura) entra en Lisboa, simplemente no encuentra a nadie de la nobleza portuguesa gobernante, ya que entre éstos, el Príncipe ha huido en un buque inglés rumbo a Brasil para asegurar su vida, aunque no así la independencia de su país.

Después de esta fácil conquista de Portugal, Napoleón se da cuenta de las enormes disputas entre los miembros de la realeza española, principalmente entre los Borbones, que nunca han sido del agrado ni simpatía del Emperador francés; sin embargo, esta situación es mal pensada y aprovechada por Napoleón, pues en lugar de forzar un casamiento entre el príncipe heredero, Fernando (el séptimo de los Borbones con ese nombre) y alguna de las muchas mujeres de su familia y amarrar así otro trono para Francia y Bonaparte se pregunta ¿por qué no?, si los nobles ibéricos han aceptado humillarse hasta la ignominia ante Napoleón.

Entonces, ¿por qué no hacerse de la corona española si en todos los países conquistados las poblaciones aceptaron dócilmente una Constitución de corte liberal y la presencia de los franceses en sus territorios. No hay por qué temer que los españoles sean diferentes, pero este razonamiento lógico no se aplica a los habitantes de la península ibérica, y ese es otro error grave del Emperador.

El corso está tan feliz por la conquista de Portugal y por las enormes posibilidades de lograrlo de igual forma con España, que el 15 de noviembre de 1807 escribe a su hermano Jerónimo, recién nombrado rey de Westfalia, explicándole, entre otros asuntos, que los pueblos de Alemania, Francia, Italia y España, exigen igualdad y son asequibles a las ideas liberales.

Lo que el General francés no toma en cuenta es que en España la gente está muy arraigada a sus costumbres, y sobre todo a dos conceptos: ama a su realeza y a su fe religiosa católica. En la relación con Francia todo ha sido malo para los españoles, ya que además, Napoleón representa un mundo completamente extraño por su revolución que acabó con la nobleza francesa y por si no es suficiente, por sus graves conflictos con el Vaticano y el Papa Pío VII, por lo que, con todos estos "atributos", sólo le queda un calificativo: Anticristo.

Napoleón insiste en expanderse en Europa

En lo que transcurre un poco de tiempo entre la conquista de Portugal y la caída de los Borbones en España, el Emperador francés no puede descuidar sus relaciones con los aliados al Imperio, y el 2 de febrero de 1808, manda una carta al Emperador de Rusia, Alejandro I, aprovechando que los ingleses han declarado que seguirán peleando a pesar del coraje del Zar por el ataque inglés sobre Copenhague. En esa misiva le expone todo un plan táctico para acabar con los ingleses.

Después de esto, cansado ya de tantas negativas para poder cerrar los puestos italianos a las embarcaciones inglesas, Napoleón tiene un enfrentamiento abierto y sin miramientos de ninguna especie con el Pontífice Pío VII, con quien no hay amistad desde el asunto del divorcio de su hermano Jerónimo Bonaparte, a lo que se negó terminantemente el Vaticano.

Pero el Emperador francés no es de los que se cruzan de brazos bajo ninguna circunstancia, ordena ocupar el puerto pontificio de Ancona aduciendo razones de seguridad para evitar ataques de los ingleses, y con esta misma razón, el ejército francés ocupa las legaciones de la misma Ancona, Macerata y Urbino. En febrero de 1808 se apodera de todos los estados pontificios y en lo que medita y decide qué hacer con ellos, los somete a una administración francesa; no hay respeto al concordato firmado años atrás y el repudio del mundo católico sobre las huestes del Emperador Bonaparte no se quedarán en una simple queja, sino en acciones bélicas y militares bien concretas, empezando por el más católico de los países europeos: España.

Rebelión española

En espera de una respuesta positiva por parte del zar ruso Alejandro I, Napoleón descubre en España que la esposa del Rey Carlos IV, la Reina María Luisa de Parma, tiene como uno de sus amantes a Manuel Godoy, quien gracias a esta relación pasa de ser miembro de la guardia real a Primer Ministro y a Generalísimo, ganándose el nombre de "Príncipe de la Paz" por lograrla en Basle en 1795. Pero Fernando, el heredero al trono, está enterado de la relación de infidelidad de su madre y tiene muchos enfrentamientos con ella y su amante Godoy.

Así, entre el 8 y 17 de marzo de 1808, en la provincia de Aranjuez, hay un levantamiento popular contra Manuel Godoy, quien está a punto de perecer, salvándose milagrosamente, y es apresado; el Rey Carlos IV es obligado a abdicar en favor de su hijo, Fernando VII, y el 23 del mismo mes, el Gran Duque de Berg, Joachim Murat, entra en Madrid.

Napoleón está empeñado en que España esté bajo el mando de un francés, a pesar de haber ayudado al golpe de Estado que permite la asunción como rey a Fernando, hasta ese entonces, Príncipe de Asturias, por lo que envía una misiva a Luis Napoleón, Rey de Holanda el 27 de marzo de

1808, en la que hace un recuento de los sucesos que finalizaron el 23 del mismo mes y le propone el trono de España.

Pero la respuesta de Luis es un rotundo no y Napoleón tiene que pensar en otro de sus familiares, alguien que no se niegue a ser el Rey de España, y ese elegido es José Bonaparte, quien tranquilamente traslada su reino de Nápoles hacia Madrid.

Pero el corso no acaba de vislumbrar el grave error que esto le ocasionará, ya que la insurrección de los españoles no tardará en darse, y además, permitirá hacer ver a los otros países bajo el yugo del imperio francés y hasta a sus mismos aliados, que el Generalísimo y Gran Emperador de Francia no es invencible y esto será, precisamente, su perdición.

Todo empieza cuando los civiles y soldados íberos deciden no saber nada de los conquistadores y supuestos libertadores franceses, quienes tienen la costumbre de llevarse lo mejor de cada país que "libertan". En el caso español equivale a un pernicioso, perverso y sacrílego saqueo de muchos tesoros resguardos en Catedrales y templos, y ése es un atentado no sólo contra la religiosidad española sino "contra el mismísimo Dios".

Sin tomar en serio el descontento de los españoles, Napoleón dispone, el 11 de junio de 1808, que las autoridades ibéricas reconozcan a José Bonaparte como Rey de España, aunque tiene que ejercer la intimidación por medio de los militares. Tan no están de acuerdo con esta ofensiva acción, que las Juntas de Asturias (de donde es el Rey no reconocido por el Emperador) y Sevilla deciden declarar la guerra a Francia y esta semilla germinará pronto en todo el país.

Esta reacción y posterior proactividad de las huestes españolas se debe a que se han convertido en un enemigo implacable e indomable, impulsados por un espíritu patriótico y un inmenso ardor y fe religiosos, considerando ellos mismos esta guerra de liberación como su cruzada personal y de una sola nación. Inician las hostilidades contra los invasores en la llamada revuelta del 2 de mayo de 1808, un acto inesperado que se origina porque ha corrido el rumor de que el último príncipe de la familia real que queda en Madrid, está a punto de ser detenido.

La respuesta francesa es la clásica de un militar que quiere dejar en claro que no permitirá rebelión alguna, así pues, sofocan el levantamiento con sangre y fuego. Muchos de los sobrevivientes son pasados por las armas después de juicios sumarios a muchos españoles, principalmente madrileños, entre los que se encuentran varios a frailes y algunos sacerdotes. Esto producirá la chispa que encenderá la insurrección y liberación de los peninsulares.

Así, el 23 de julio de 1808 se libra la batalla de Bailén a menos de dos meses de haber asumido el reinado José Bonaparte, durante la cual, de manera vergonzosa para el Emperador, 18,000 soldados franceses rinden sus armas ante el embate de los españoles. Sin embargo, esto no es lo más grave, la noticia corre a velocidades increíbles y lo que menos se dice es que la supuesta invencibilidad del Emperador Bonaparte, no es más que un mito hábilmente manejado por el propio Napoleón.

Todos contra Napoleón

¿Qué piensa Napoleón de esta dolorosa e inesperada derrota de su ejército?, ¿de cómo la pequeña bola de nieve cuesta abajo va acumulando más y más volumen y que de no detenerse a tiempo provocará una catástrofe de enormes dimensiones?

Napoleón sólo piensa que hay que persistir en la lucha hasta lograr el triunfo, y así se lo hace saber a su hermano José, rey de España, en una carta escrita en Bordeaux, Francia, el 31 de julio de 1808, a las 23.00 horas (así de preciso es Napoleón en todas sus acciones).

Paz en Europa, aunque sea por tres meses

Napoleón Bonaparte tiene en mente evitar cualquier enfrentamiento militar entre su ejército y algún otro del viejo continente. Necesita tiempo, cuando menos 100 días para lograr estabilizar la tensa situación en España y consolidar el reinado de su hermano José. Todavía está muy molesto y humillado por la derrota y posterior capitulación de los franceses en la batalla de Baylen de julio pasado, pero lo está aún más con el General Dupont, a quien califica de cobarde e indigno de pertenecer a las fuerzas militares de su país.

Está confundido aún por no saber exactamente qué pasó en España, y le urge asegurar una paz más o menos duradera en Europa, por lo que invita a los reyes Alejandro I de Rusia y al de Austria, a una urgente entrevista entre estos tres países. Por otro lado, lleva a cabo una recepción del cuerpo diplomático el 15 de agosto de 1808, ahí, personalmente el General corso toma por su parte al embajador austríaco en Francia, Klemens Wenzel Lothar, Príncipe de Metternich-Winneburg y también embajador en varios países europeos, quien desempeña un papel muy importante de árbitro de la política de su tiempo y próximo Ministro de Estado.

Estos importantes pergaminos del embajador Metternich no impresionan a Napoleón, quien le reclama sobre los preparativos y acciones bélicas que está llevando a cabo Austria; lo amonesta y hace ver su indignación y le asegura que ni él ni el zar Alejandro permitirán el rearme de Austria para una guerra que ninguno de los dos soberanos, ruso y francés, van a permitir.

Pero también es indispensable que el propio zar garantice la paz y mantenga la presión sobre Austria para que no se mueva, militarmente hablando, dando así la impresión que estos dos mandatarios de dos naciones muy poderosas conviven en armonía y dispuestos a defenderse uno al otro de ataques de terceros.

Pero todo lo relacionado con la Península Ibérica le preocupa sobre manera a Napoleón, tanto, que llega a afirmar a sus íntimos que el maldito negocio español le está saliendo demasiado caro. Reconoce que ha dado un paso en falso y no previó lo que él llama, "lo que ha originado la debilidad, la necedad, la cobardía y la falsedad de estos príncipes españoles". Sin embargo, muy en el fondo, se tranquiliza solo diciéndose: "¿Qué tan importante es un puñado de insurrectos?, los aniquilaré con mis dragones". Un general con tantas batallas ganadas durante su vida no comprende lo que en la actualidad se llama guerrilla de guerrillas y lo desgastante que es para un país, ya que permite deteriorar, poco a poco, un territorio o una nación hasta llevarla al caos.

Con eso se aprecia que en verdad el General Bonaparte no ha valorado las repercusiones de la insurrección de la nobleza española, ni la valentía del pueblo que le ha infringido una de sus derrotas más dolorosas.

Pero el militar francés necesita muestras de que Alejandro I está con él y así poder arrastrar a Europa con sus políticas y decisiones, para bien de Francia y mal de los demás países. Para este efecto, elige la población de Erfurt, situada al suroeste de Alemania, en ese entonces posesión francesa, para llevar a cabo el Congreso de Erfurt entre septiembre y octubre de 1808. Invita, por supuesto, al zar ruso y a los príncipes germanos, para solicitarles el apoyo incondicional de Austria.

La fastuosidad de dicho Congreso, dirigido principalmente al Emperador ruso, es un derroche que muchos califican como excesivamente monstruoso, entre ellos, el Ministro francés del exterior Charles-Maurice de Talleyrand-Perigord, no sólo por la ostentación imperante, sino por la nula dignidad de muchos príncipes alemanes que acuden sin invitación para rendir tremendo y vergonzante culto a la personalidad de Napoleón; dan hasta pena ajena, ya que varias de las ciudades de estos "dignatarios" han sido invadidas y humilladas por el ejército francés al mando del General Bonaparte.

Pero ni con toda esta fastuosidad logra el Emperador francés su cometido, ni siquiera con el tan comentado abrazo que se dan Alejandro y Napoleón en un teatro simulando una fuerte amistad que están muy lejos de sentir y mucho menos practicar.

Por supuesto que a este Congreso de Erfurt no acuden dos de los soberanos involucrados en su convocatoria, el alemán Francisco, quien envía a su hermano, y el prusiano Federico Guillermo, quien hace lo propio pero con un representante que en realidad, no representa a nadie, más bien acude para llevar a cabo una labor de espionaje y poder enterarse de todo lo que se trama en contra de su Rey y su país.

Francisco acierta en no asistir, porque hubiera tenido que aceptar todo lo dispuesto en su contra por Napoleón, que en pocas palabras desea carta abierta y en blanco para poder hacer lo que se le dé la gana en beneficio de sus intereses de expansión y por lo tanto, de su propia grandeza.

Por su parte, el zar ruso Alejandro I, acude a pesar de los ruegos en contra de esa decisión por parte de su madre, la Zarina. Desea asistir y demostrar que tiene ideas propias, que piensa en Rusia y en Europa en conjunto, y no como lo ve Napoleón, un viejo continente afrancesado a más no poder y que todos lo glorifiquen; no, el zar quiere conservar su libertad de acción y pensamiento, y está dispuesto a no ceder ante las presiones del Emperador francés.

También el Emperador ruso advierte que la unión en torno a Napoleón no es lo quiere hacer ver el francés; dentro de ese círculo íntimo, existen discordancias y dudas al respecto del futuro de su país, y destaca, por sobre todos ellos, al mismo Ministro del Exterior Charles-Maurice de Talleyrand, quien trata a toda costa de evitar que el General Bonaparte obtenga esa carta en blanco porque prevee que después de ella, no habrá nada que lo detenga.

El Ministro sabe que Europa requiere de inmediato la paz, y la primera acción que el Emperador galo desea llevar a cabo es la de coaccionar a los austríacos para que lo apoyen totalmente, y además, que no hagan tratos con los ingleses nunca más.

Napoleón admira, aborrece y hasta teme a Talleyrand, pero no puede prescindir de sus valiosísimos servicios, sobre todo, después del arte demostrado al tratar magistralmente el asunto de los Borbones desterrados de España, acogidos benévolamente por los franceses. Por su parte, Talleyrand no actúa de mala fe contra su Emperador, al contrario, lo admira, pero conoce su naturaleza de inconsistencia y desea evitar una catástrofe de consecuencias incalculables, por lo tanto: "todo sigue problemático para el Emperador".

El amor no cuenta, la extensión del imperio sí

A los muchos y graves problemas que enfrenta Napoleón para cimentar y expandir su Imperio, se agrega una cuestión que desde hace mucho le da vueltas en la cabeza y que es apoyada por el mismo Talleyrand, e incluso, encausada para lograr, como antaño, una paz duradera a través de enlaces matrimoniales entre reyes y príncipes. ¿Qué significa esto?, simplemente que es necesario dejar todo su grandioso Imperio a un heredero, un hijo que Josefina no le ha dado, a pesar del mucho amor que siente Napoleón por ella; por lo tanto, hay un divorcio en puerta y un nuevo enlace nupcial.

La primera candidata es una sugerencia de Talleyrand, y es ni más ni menos que la hermana del zar ruso, pero Alejandro no está desprevenido ante esto, ya que intuye por dónde van algunas de sus conversaciones privadas, y cada vez que se trata el tema de una posible boda entre el francés y la rusa, el zar expone que él no puede decidir en ese sentido por su hermana; ella y su madre tendrán que dar su parecer y consentimiento, acción que nunca sucederá.

Esto pone en alerta a Napoleón, sabe que el zar ha cambiado y no se cuida de calificarlo de ser "terco como una mula". Para comprobarlo, lo somete a una prueba que puede parecer insignificante, sin embargo, no puede pasar inadvertido para los demás asistentes al Congreso de Erfurt. Para ello, dirige una plática informal sobre Austria en la que no llegan a un acuerdo, entonces, el Emperador se muestra enojado, arroja su sombrero al suelo, lo pisa, patea y trata de mostrarse tan violento como le es posible, pero la única reacción que provoca en el zar es una sonrisa y un comentario con la mayor tranquilidad: "Emperador, usted es muy violento... y yo muy obstinado... Hablemos razonablemente o me marcho inmediatamente a mi país".

Pero si Napoleón no logra impresionar a su mejor aliado el zar ruso, éste tampoco se da por mal servido con los logros obtenidos al final del Congreso: cede a Rusia el derecho sobre los territorios de Moldavia y Valaquia, y aprueba la anexión de Finlandia, dado que el mismo Bonaparte lo aconseja; además, se compromete a retirar su ejército de Alemania, cuestión que hará con mucho gusto, ya que necesita de su gran ejército para apaciguar a España y continuar su guerra contra los ingleses.

Por su parte, obtiene para su hermano José el reconocimiento ruso como rey de España y renueva la alianza lograda en Tilsit. Sin embargo, los rusos no aceptan el papel de guardaespaldas de Francia en caso de un ataque austríaco y aunque pelearían en favor de los galos, confían en que podrán disuadir a aquel país de desarmar a su ejército.

Napoleón no quiere, bajo ninguna circunstancia, una guerra que lo distraiga de su misión más importante por ahora: España. Esto lo saben los austríacos y quieren aprovechar la favorable situación; como ejemplo de lo que es capaz el Emperador Bonaparte, obliga a Prusia a firmar un acuerdo de paz totalmente desventajoso para éstos.

Esta situación se origina cuando el 5 de agosto de 1808, la policía francesa intercepta un correo del Primer Ministro prusiano, barón Karl Stein dirigido al príncipe Wittgenstein, en el que alude a ciertos planes de levantamiento. Al leerla, Napoleón estalla en cólera y el 8 de septiembre forza, de manera humillante, al Príncipe Guillermo, quien se encuentra en París, a firmar un tratado en el que se impone a Prusia una indemnización de guerra de 140 millones de táleros (moneda alemana de plata), así como ceder su ejército de 42,000 soldados, además exige la renuncia de Stein.

Aunque interviene el zar ruso para que se reduzca la indemnización 20 millones de táleros, lo más humillante es el tener que dejar el país. Pero algo está claro para todos, nadie está totalmente seguro en ningún país, hay que actuar ganándole tiempo al tiempo. Esto lo comprende Napoleón y ahora su batalla no sólo es contra sus enemigos sino contra el reloj.

Con aparente tranquilidad, el General corso inicia su guerra contra los españoles; su enorme ejército avanza en cada enfrentamiento, originándose el primer combate al Sur de los montes Pirineos. Tiene a su mando 320,000 soldados contra miles de improvisados militares españoles, quienes empiezan a sufrir dolorosas derrotas y a disgregarse a lo largo de la Península Ibérica. Se detiene en la entrada de Madrid para preparar su llegada triunfal el 5 de diciembre de 1808 y también para que sea José Bonaparte quien se vuelva a erigir como el Rey de España.

Desde esta ciudad madrileña, Napoleón envía el 16 de diciembre de 1808, un correo al Ministro de Asuntos Exteriores, Conde de Champagny, para declarar a Karl, Barón de Stein como un proscrito y prófugo de la justicia francesa.

La verdad de este decreto de muerte no es tanto la carta enviada a su colega inglés, sino porque como Primer Ministro de Prusia ha logrado un desarrollo realmente importante de su país, incluso se le considera como una de las personalidades más importantes de su época, ya que logra reformas muy serias y progresistas que sientan las bases de una Prusia que avanza. Logra la abolición de los siervos, reestructura la cuestión agraria y permite cambios en la administración municipal y central. Este progreso por supuesto no le gusta al Emperador Bonaparte, y es por ello que la carta interceptada es sólo un pretexto para deshacerse del Barón de Stein, ya que una nación considerada como enemiga, en pleno progreso, es un lujo que el francés no puede permitir.

Contra ingleses

En la guerra de estrategias, tanto Napoleón como el General británico John Moore, tratan de cortarse líneas de escape y los ingleses lo hacen desde Portugal. Por esto, el 19 de diciembre de 1808, los franceses marchan desde Madrid hacia el Noroeste, pero nuevamente el clima y la temporada de invierno hacen de ésta una penosa marcha, que conlleva a retrasar el tiempo estimado, así que empiezan a sufrir pérdidas humanas y privaciones de todo tipo.

Pero John Moore, después de avanzar hacia Madrid y conocedor de las inclemencias del invierno, logra retirar su ejército de 20,000 soldados a marchas forzadas hasta Portugal, perseguidos por 25,000 furiosos franceses. El 1 de enero de 1809, inesperadamente y sin explicación, el Emperador francés no está dispuesto a llegar hasta donde el británico y deja el mando en manos de los generales Sopult y Ney, una oportunidad de oro para los soldados galos, pues el Mariscal Nicolas-Jean de Dieu Soult descubre a Moore en La Coruña cuando intenta retirarse con su ejército a través del mar. Los soldados logran salvarse pero no así el inglés quien cae mortalmente herido al cubrir la retirada de sus soldados. Para el 17 de enero de ese 1809, los británicos por fin logran salir de La Coruña con una pérdida de 6,000 elementos.

Mientras, Napoleón hace gala de este triunfo contra los ingleses y se siente optimista y con ganas de acabar, por enésima vez, con las islas británicas. Así pues, el 29 de enero de 1809 envía una misiva al Almirante de Retaguardia, Conde Decrés, Ministro de Marina, en la que hace un reporte de guerra, muy a su estilo.

Pero lo que por ahora ignora el vanidoso Emperador corso es que las fuerzas de La Romana sólo han sido dispersadas, mismas que se reagruparán dentro de dos meses y tendrán 100,000 hombres dispuestos a morir con tal de liberar a su adorada España.

Pero este triunfo no oculta lo que aún falta por hacer, que es mucho. Por principio comete el error de ordenar la muerte de John Moore, hecho que da un nuevo impulso a los ingleses para regresar más pronto, con más brío y más hombres y estrategias para combatir, al ejército napoleónico. Tampoco se ha podido acabar con la guerrilla española que amenaza con extenderse a más provincias, y mucho menos se ha conquistado y afianzado el sur de España, pero esa, es una labor que le corresponde al Rey José.

Se especula mucho el porqué Napoleón regresa tan de prisa a Francia cuando tiene al odiado enemigo inglés a la vista y "a tiro de cañón". Se dice y con mucha razón, que se debe a que Austria ha dado claras muestras de rearmar a su ejército y prepararse para una cruenta y larga batalla; sin embargo, también afecta otro rumor, ahora directamente de la corte francesa, sobre los ya enemigos declarados de Napoleón: Charles-Maurice de Talleyrand-Perigord y Joseph Fouché quienes han hecho una peligrosa alianza. Sin saber a ciencia cierta cuáles son sus objetivos, uno de ellos es saber qué pasaría si en algún combate muere el Emperador, y quién puede sustituirlo de inmediato; la respuesta que estos dos personajes dan es una: Joaquín Murat, el cuñado de Napoleón.

Tanta es la preocupación por estas circunstancias que el Emperador quiere enfrentarlas de inmediato, por eso, regresa a París el 23 de enero de 1809 y para el 27 del mismo, frente a mucha gente, insulta a Talleyrand de la forma más ofensiva, amenazando con fusilarlo lo cual no es tan sencillo. Debido a su posición de Ministro del Exterior, Bonaparte no se atreverá a tanto, pero es evidente el odio que le tiene; en cambio, el Ministro sólo dice tranquilamente: "¡Lástima que un hombre tan grande esté tan mal educado!", y todo lo limita a un asunto de simple malentendido, al menos públicamente.

El otro asunto pendiente es nada menos que Austria, país que se prepara para una guerra que, por primera y verdadera ocasión, Napoleón no desea en lo más mínimo. Sin embargo, el Conde de Stadion tiene en sus planes la reivindicación de su nación, lleva a cabo muchas y grandes reformas, y sobre todo, está dispuesto a pelear contra el ejército francés o quien sea; para ello, maneja hábilmente su patriotismo exaltado y carácter combativo, para convencer a un pueblo que no necesita mucho para tomar las armas y defender su territorio.

Aunque las expectativas de Stadion no se cumplen por el regreso imprevisto de Napoleón a París, sí lo impulsa saber que éste es un adversario terrible, pero no invencible; lástima que el General Carlos no aprovecha el tiempo para combatir y abrir otro frente al ejército francés.

Pero los austríacos y más el archiduque Carlos no están a la altura de las circunstancias, y menos para luchar contra la máquina guerrera llamada Bonaparte, ya que con los primeros enfrentamientos desaprovechan una gran oportunidad para infringir una dolorosa derrota a las huestes napoleónicas, pues si hubieran actuando rápido contra las guarniciones acampadas en Augsburgo-Ratisbona, al mando del Mariscal Louis Berthier, la victoria inicial estaría del lado austríaco; lamentablemente para ellos, no es así, y no se puede motivar a otras naciones a pelear cuando de entrada hay indecisiones que conllevan a la derrota.

Es hasta el 10 de abril de 1809 cuando se moviliza el ejército austríaco para llegar hasta el Isar, y como respuesta, Napoleón se mueve rápido al frente de su tropa. Así, el 22 de abril, en Eckmühl, los franceses llevan a cabo una aplastante masacre compensando con creces los levantamientos y derrotas sufridas en Tirol, Italia y Polonia.

Por eso es importante para el Emperador francés entrar triunfante en Viena el 13 de mayo, y aun cuando el Archiduque Carlos sigue peleando y consigue ganar las batallas de Essling y Aspern los días 21 y 22 de mayo de 1809, victorias más efímeras que permanentes, mes y medio después, Napoleón triunfa en Wagram, por lo que el líder austríaco solicita el armisticio a Francia, y aunque los integrantes del gabinete de Austria retardan la firma del acuerdo de paz hasta el 14 de octubre, ésta se realiza en Schönbrunn cuando las condiciones del armisticio tratan de reducir al país a lo menos posible para evitar más brotes de guerra.

Por lo tanto, como castigo de guerra, Austria pierde 2,150 millas cuadradas de territorio y 3 y medio millones de habitantes, lo cual se divide entre Baviera, Italia, Rusia y el Gran Ducado de Varsovia. El zar Alejandro I de Rusia recibe territorio por el simple hecho de haber declarado la guerra a Austria, aunque asegurándoles a éstos, en lo oscuro, que no deben temer ninguna acción bélica de su parte.

Pero el tiempo ganado por el gabinete austríaco al retrasar el acuerdo de paz, es aprovechado por el Barón von Kienmayer, quien al mando de las tropas austríacas en Sajonia, derrota al General francés Andoche Junot, "el sargento tormenta" que es vencido cerca de Gefrees el 8 de julio, y después del enfrentamiento, Jerónimo Bonaparte escapa con vida cuando abandona Desden y llega a salvo hasta Cassel.

La respuesta de Napoleón contra su hermano es lapidaria, terminante y vergonzante, según se observa en una carta que le envía desde el lugar de la negociación del armisticio, Schönburnn, el 17 de julio de 1809.

Estos frentes de batalla abiertos sólo hacen que Napoleón distribuya su poder de "convencimiento" o disuasión al enfrentar a sus enemigos, ya sea en el campo de batalla o en la mesa de negociaciones, y los recientes enfrentamientos hacen que, por fin, la sangre vuelva a correr en las venas del Rey de Prusia, Federico Guillermo, quien convoca y recluta a muchos voluntarios que desean liberar a su nación, formándose así, el "Escuadrón Negro".

Y es que, después de la crueldad mostrada por el Emperador francés sobre los líderes derrotados y atrapados, no puede haber otra respuesta que la del enfrentamiento abierto contra los galos, ya que Schill es muerto en combate y después decapitado igual que once de sus oficiales que son pasados por las armas del pelotón de fusilamiento en Wesel, y lo hacen también en el Tirol con Andreas Hofer. Sin embargo, con esto no se detiene la guerra, al contrario, le hecha leña al fuego, pues estos nuevos mártires serán la inspiración de los sobrevivientes para pelear con mayor decoro y coraje.

Tercer atentado contra Napoleón

Y quien siembra odio recoge pesares, y en estos nuevos enfrentamientos suceden dos hechos de gran importancia, aunque en ese tiempo no se tomen tan relevantes: El primero es un atentado contra la persona del Emperador francés, el cual se lleva a cabo el 12 de octubre de 1809, por el hijo de un pastor de Naumburg de nombre Friedrich Staps quien es juzgado por un tribunal militar y fusilado impunemente.

El otro asunto a considerar es que Inglaterra es vista como un factor importantísimo de equilibrio o desequilibrio, según quien lo mire, ya que el comercio que ejerce esta nación en Europa, sobre todo como surtidora de productos del mar, se ha vuelto imprescindible y con la labor de vigilancia del ejército francés evitando que buques británicos lleguen a puertos europeos, nace el contrabando de productos ultramarinos.

Napoleón trata de evitarlo, pero lo único que logra es hacer un hoyo para tapar otro, ya que siempre es posible hacer llegar estos productos, incluso su hermano Luis Bonaparte, Rey de Holanda, recibe una explosiva carta en la que el Emperador le reclama que permita que Francia sea insultada con la llegada de barcos ingleses a sus puertos y de buques norteamericanos los cuales, antes de llegar a Europa, cambian su bandera por una de Holanda y de esta manera hacen negocios sin problema alguno.

Pero no sólo Holanda, sino también España y Portugal son reductos ingleses y ni los 130 Departamentos del Imperio, ni los 170 millones de habitantes con los que cuenta Europa, 44 que pertenecen a Francia y 80 millones más que están bajo el mando napoleónico, pueden evitar el florecimiento comercial de los británicos.

Además, tiene que resolver un problema más personal, más íntimo: tener un hijo que herede toda su gloria y todos los territorios conquistados. Como esto ya no es posible con su esposa Josefina, aun cuando Napoleón dice seguirla amando, desde hace varios años piensa en el divorcio y en volver a casarse, ahora con alguien de la nobleza; no deja de voltear a las cortes de Europa para decidir quién pueda ser la candidata ideal.

Ya decidido al divorcio, se lo comunica a Josefina el 30 de noviembre de 1809 y le pide que firme el acta de separación a más tardar el 15 de diciembre, y así lo hace, no valen ni importan lágrimas, súplicas ni ruegos, para el corso "la política no tiene corazón, sólo cabeza"; la separación conyugal es decretada oficialmente por el Senado y a partir del día siguiente, la ahora exemperatriz sale de las Tullerías para no regresar jamás.

Para alivio del zar ruso, de su madre y hermana, Napoleón voltea la vista hacia la corte austríaca, ya que teme un engaño de Alejandro I, fijando la mirada y la mente en

María Luisa, hija del Emperador, quien es joven, bonita, sencilla, dócil y en edad casadera: reúne todas las cualidades exigidas por el Emperador francés. ¡Qué mejor que emparentarse por medio de una verdadera alianza con una de las dinastías más antiguas y de mayor arraigo en Europa y el mundo! Esto es un plus que el General corso no dejará pasar.

Así pues, el Emperador no quiere perder más tiempo, urge tener un heredero y solicita al enviado de Austria en París Schwarzamberg, suscribir un contrato matrimonial el 7 de febrero de 1810, y para el 11 de marzo, se consuma el enlace nupcial por poder, el cual se celebra en Viena. El 27 del mismo mes, Napoleón consuma su unión, que no el matrimonio, en Compiègne, en donde tiene un encuentro muy apasionado con su esposa y no espera a los esponsales religioso y civil, llevados a cabo los días 1 y 2 de abril de 1810 en Saint-Cloud y en las Tullerías.

Sin embargo, éstos son insultos a la religión católica, el divorcio y nuevas nupcias; tienen oportunidad de manifestar su inconformidad, cuando 16 cardenales no asisten a la unión entre Napoleón y María Luisa. Esta descortesía no es ignorada por el Emperador y al comprobar que únicamente tres de los 16 religiosos no acuden por motivos de salud, los trece restantes son retirados de sus funciones eclesiásticas y condenados a vivir durante tres años en diversas poblaciones francesas sin ningún privilegio.

A los dos meses del encuentro entre los esposos, la Emperatriz está embarazada y esto causa muchísima felicidad al corso, pero no tanta como para no darse cuenta de que el Ministro del Interior, Joseph Fouché tiene tiempo de llevar a cabo intrigas contra él, y en abril es descubierto negociando privadamente con los ingleses la anexión de Holanda, y aunque resiste la tentación de fusilarlo, sí lo destituye de su cargo a través de una carta que le envía el 3 de junio de 1810.

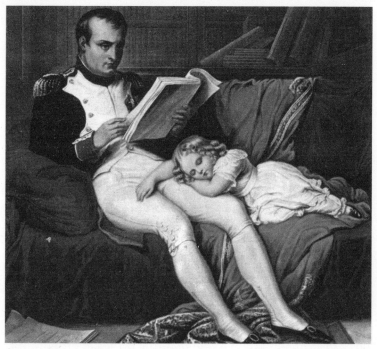
Napoleón y su hijo

Mientras tanto, el zar ruso Alejandro I quiere deshacer todo vínculo con Napoleón, tomando como pretexto el matrimonio del Emperador con la Princesa austríaca, "dejando a su hermana Ana con un pie en el altar". Esto es totalmente falso, ya que el General corso nunca se comprometió formalmente ni se obligó, por otra parte, a ceder Polonia a Rusia. Es más, cuando el territorio del noroeste de Alemania es anexado al Imperio francés, el zar pierde la corona del duque de Oldenburgo, lo cual había conseguido al casar a su hermana con el príncipe heredero, y para no dejar duda respecto a su disgusto, Alejandro exclama a los cuatro vientos: "¿Qué valor tienen las alianzas cuando se violan los tratados en que se basan?"

Como respuesta, más a las intrigas de Napoleón que a su matrimonio, el zar ruso permite nuevamente el comercio entre su país e Inglaterra, y a finales de 1810 deroga la prohibición de importación de objetos de lujo franceses. Estas medidas, por supuesto, son tomadas como una velada declaración de guerra contra Francia.

En el intermedio de estos acontecimientos, el 20 de mayo de 1811, nace el heredero legítimo a la corona del Imperio francés, a quien el propio Napoleón llama "Rey de Roma".

Un poco antes, en abril de 1811, el General francés se entera de los planes rusos de invadir Polonia. Durante todo este año, los dos emperadores en conflicto se preparan para la guerra, Napoleón alistando y preparando a su enorme ejército, y Alejandro buscando alianzas y apoyos en Berlín, Viena, Estocolmo y Varsovia. Sin embargo, las respuestas de los líderes de estas naciones no equivalen a un sí definitivo y mucho menos comprometedor para una larga y penosa batalla contra "el mejor ejército del mundo", según Napoleón. Por supuesto que en esta ocasión Austria no puede comprometerse con nadie más que no sea el Emperador Bonaparte, por razones de parentesco.

Lo mismo sucede con Noruega, país unido a Dinamarca, y éste a Francia. En concreto, la mayoría de países europeos están a favor de Napoleón, incluso algunos sometidos por la fuerza como Prusia y Austria, a tal grado, que en febrero de 1812, Federico Guillermo llega a un acuerdo de ayuda mutua con el corso, teniendo que proporcionar al ejército galo 20,000 soldados. Por su parte, Napoleón se compromete con Austria para que reciba en recompensa por su alianza una gran extensión de territorio por definir.

Sin embargo, el Emperador Bonaparte no desea castigar al infractor de la alianza franca-rusa sino más bien lo acorrala para que sea el propio Alejandro quien rompa con su palabra. Esto ocurre el 8 de abril de 1812, cuando el zar exige a Napoleón que retire todas sus tropas al otro lado del Elba, si es que quiere entablar las pláticas o negociaciones para evitar otro enfrentamiento bélico entre estas dos poderosas naciones.

Por supuesto que el Emperador Bonaparte no admite presiones o amenazas de amigos o enemigos y su respuesta es un no rotundo a mover sus tropas como lo desea el zar, quien nunca comprende los planes napoleónicos de dominar Europa en una especie de cogobierno, de verdadera alianza de autoridad continental; y poco a poco, los pensamientos de Alejandro y Napoleón corren en diferentes direcciones: el emperador ruso quiere anexarse Bizancio como compensación por Constantino que se encuentra en poder del corso y además, por no poder acceder al Mediterráneo.

Y como al reiniciarse las relaciones comerciales entre Rusia e Inglaterra, ésta última no sufre la más mínima merma en su economía y sus barcos continúan surcado el Báltico, no queda otro camino que la guerra contra Rusia, para cortar, nuevamente, el acceso de los ingleses al viejo continente y lograr así un acuerdo de paz con los británicos.

Durante muchos meses, Napoleón cavila, medita, piensa en su aventura de invadir los extensos terrenos rusos; se asesora y le dicen que tome en cuenta la inconmensurable superficie rusa, que piense detenidamente en su clima extremo en invierno, en el fuerte y decidido carácter de sus habitantes, y en la inteligencia de los jefes del ejército ruso. Finalmente, el corso decide: "Me siento impulsado hacia una meta que no conozco, cuando la haya alcanzado bastará un átomo para derribarme. Hasta entonces nada podrán contra mí los esfuerzos de los hombres".

El ejército más grande del mundo y la derrota más humillante

El General Napoleón Bonaparte logra reunir un tremendo poder militar a través de su ejército concentrado al Este de Oder, constituido por soldados de 20 países que hablan 12 lenguas distintas. En total suman 650,000 hombres reunidos bajo la bandera francesa.

Tiene que reunir a muchos soldados, sobre todo convocar a los que están en España y Portugal, mismos que a partir de 1809 constituyen 240,000 elementos, en 1810 llegan a 370,000 y en 1812 superan los 290,000. Por ahora no importa disminuir sus fuerzas en otros lugares, lo importante es acabar con Rusia, por lo que denomina a esta guerra "¡La Cruzada contra los bárbaros del Norte para salvar a la civilización!"

Así, después de hablar ante los príncipes y reyes de las naciones que lo apoyan, Napoleón se coloca al frente de una inmensa columna de soldados que marcha casi sin descanso, y que el 24 de junio de 1812, cruza la frontera rusa. Un extraño sentimiento invade al General corso, se estremece al observar las llanuras de enorme extensión, y por primera vez está dudoso de su misión, su instinto le grita que se detenga y regrese, ya que Moscú no es un punto estratégico para consolidar a Europa; sin embargo, confía en el objetivo principal: que al cabo de dos meses, Rusia pida y solicite urgentemente la paz ¿o no?

El ejército ruso está listo, el zar Alejandro no entregará su país sin pelear. Al frente de los soldados están Barklay de Tolly y el Príncipe Bagration. Empiezan los primeros enfrentamientos, la superioridad de los aliados de Francia es evidente y abrumadora, a cada lucha los rusos retroceden y dejan las ciudades a merced del enemigo; sin embargo, tienen la magnífica idea, aunque sin prever sus posibles repercusiones, y que incluso puede darles la victoria, de quemar en cada poblado conquistado por los invasores, cualquier pertrecho, utensilio y hasta casas que puedan serles de utilidad a los franceses.

A cada nuevo enfrentamiento los muertos se cuentan por miles, la lucha cuerpo a cuerpo es cruenta, sanguinaria, malvada y mortal, pero a cada pequeña victoria conseguida por Napoleón, se presenta un grave problema, peor que el de enfrentarse al ejército ruso: dentro de los inmensos valles no hay forma de aprovisionar a sus soldados de víveres y otros productos como abrigos y un lugar seguro donde acampar.

En todas las guerras libradas por el General Bonaparte, éste conocía las redes de comunicación de los países en los que peleaba y aprovechaba la infraestructura de carreteras para el aprovisionamiento de las tropas, pero en Rusia no existe nada de eso, las reservas de comida se agotan rápidamente y lo que está almacenado en Polonia no es suficiente para proveer a todo el inmenso ejército invasor; peor aún, lo que agrava más la situación es que las tropas compuestas por soldados prusianos y austríacos que cubren las alas del ejército, pelean más por conservar su vida que por la causa francesa y los rusos lo saben, por lo que envían parte de sus soldados sobre esos francos del Sur y Norte.

Pero esas no son todas las calamidades, Napoleón quiere emplear su técnica envolvente que tantos triunfos le ha dado, por lo que divide a su enorme ejército en tres grandes facciones: una parte está al mando de Jerónimo Bonaparte, y otra, de Eugenio Beauharnais, dos de sus parientes más cercanos, hermano e hijastro, y quien es peor en la batalla y estrategia militar es Jerónimo, un pésimo militar que comete errores estratégicos con consecuencias irreparables y totalmente catastróficas para poder lograr el triunfo francés.

Aunque Jerónimo es sustituido por el General Dauvot, el cauce de la guerra ya no podrá ser modificado ni por el propio Dauvot, ni por Napoleón ni nadie de origen terrenal. Ya es tarde, el mismo Emperador francés reconoce que equivocó la estrategia y que por querer aplastar al enemigo no se dio cuenta de que con un ejército con menos elementos, de preferencia franceses o leales a su nación y únicamente con él al frente, la victoria hubiera sido más fácil y con muchos menos muertos.

El 15 de agosto de 1812, en pleno cumpleaños del Emperador y fiesta oficial del Imperio, se decide la campaña rusa en Smolensk, cuando las tropas francesas cruzan el Dnieper, y dos días después, decide tomar la ciudad, en tanto los rusos se retiran incendiando todo a su paso.

Y para empeorar todo, el ejército ruso aprende de la propia estrategia del General corso, sus soldados son disciplinados y a partir de la batalla de Smolensk, la balanza empieza a inclinarse del lado ruso, ya que incluso, conocen a la perfección la táctica militar de Napoleón y logran escapar de las trampas que les colocan en Drissa y Vitebsk, en donde están a punto de ser rodeados por los franceses logrando escapar con vida.

La estrategia continúa, ya que a cada ciudad donde llegan las huestes napoleónicas sólo encuentran ciudades abandonas, incendiadas y destruidas. Sin embargo, hasta ahora, a pesar de lo sangriento de las batallas libradas, en realidad no se ha dado un gran encuentro entre estos dos enormes y poderosos ejércitos. Esto, aunado a las circunstancias adversas del terreno, desalienta a Napoleón y a la vez lo anima. Esta vez le hace más caso al corazón que a la razón, por lo que su naturaleza lo hace concebir un triunfo que está lejos de alcanzar, ha rebasado su límite inicial de llegar sólo hasta Vitebsk y medita sobre si continuar avanzado sobre Petesburgo o incluso llegar hasta la capital Moscú.

Sus generales más cercanos insisten en ya no avanzar más, pues la escasez de provisiones es tan peligrosa como el enemigo, pero un espíritu militar acostumbrado a ganar, como el de Napoleón, nubla su pensamiento, recuerda a un emperador romano quien dijo: "El cadáver de un enemigo siempre huele bien" y así, decide avanzar en pos del enemigo, y para convencer a sus soldados que es lo mejor, les dice: "En un mes estaremos en Moscú; dentro de seis semanas tendremos la paz".

De esta manera Napoleón inicia la marcha sobre Moscú con apenas 160,000 soldados, muy inferior a las fuerzas rusas, las cuales, al mando del viejo y rudo Kutuzov, llevan a cabo los planes originales, combatir en Borodino, a orillas del Moscova. Finalmente, el 7 de septiembre, se da el enfrentamiento en grande, es cruento, sanguinario y terriblemente mortal, ya que los franceses pierden a 30,000 soldados y los rusos el doble, y para asombro y disgusto de los mariscales franceses, Napoleón no llama a su reserva para aniquilar al resto de los militares rusos.

Este es otro error que habrá de pagarse muy caro, ya que los soldados del zar se retiran y repliegan a Moscú, pero no están acabados, el Emperador francés los persigue y llega hasta la capital rusa el 15 de septiembre de 1812 quedando extasiado al mirar tanto esplendor y belleza de la capital del país, por lo que exclama: "¡Es ésta, entonces, la célebre ciudad... ya era hora!"

Pero los planes de Napoleón serán trastocados una vez más ya que el ejército ruso se ha llevado a la población fuera de Moscú, y el General Kutuzov ha dejado escondidos algunos elementos de su ejército para que al día siguiente, es decir, el 16 de septiembre, prendan fuego a la ciudad para sorprender al militar corso.

Y vaya si lo logran, aunque no con los resultados que esperan los invadidos, pues el ejército francés actúa rápido apagando el fuego con prontitud y eficacia, y los lugares que han quedado en ruinas, son acondicionados como refugios. Revisan la ciudad y tienen la fortuna de encontrar la cosecha de otoño, con esto, pueden permanecer en Moscú hasta que llegue la primavera sin tener problemas de víveres.

Se apresta el General francés a gobernar desde ahí a toda Europa, o al menos así lo aparenta, porque interiormente quiere regresar a su país como un emisario que hizo la guerra más cruenta para lograr la paz más duradera; pero no puede retornar como un vencido y derrotado porque esas palabras no están en su vocabulario.

Por su lado, Alejandro está reunido en Petesburgo con los enemigos de Napoleón, el barón de Stein, Ernst Moritz Arndt, Clausewitz y madame de Staël. El Emperador galo lo sabe deseando por un momento marchar sobre Petesburgo, pero una chispa de luz lo ilumina y lo hace desistir de tan descabellado propósito. No está dispuesto a pasar el otoño y el invierno en Moscú, aislado del mundo y sin saber qué pasa en el resto de Europa, además, el Imperio no camina ni funciona bien sin la presencia de su Emperador.

En octubre, las tropas al mando de Napoleón inician la retirada de Moscú y de Rusia. Lentamente al principio, y abruptamente después, aparece otro enemigo más mortal, cruento e imposible de combatir y vencer en las circunstancias en que se encuentra el ejército del Emperador francés: el clima. Éste cambia bruscamente, llueve en abundancia y los caminos desaparecen; la artillería y los baterías no pueden avanzar; cada noche es más fría que la anterior y los caballos mueren por el tremendo esfuerzo físico y por el frío; además muchos carros son abandonados a lo largo de cada penoso kilómetro que logran avanzar.

Por si esto no es suficiente, el 25 de octubre hay un enfrentamiento entre franceses y cosacos, del cual, por un verdadero milagro, logra salvar la vida el mismo General Bonaparte en Malo-Jaroslawetz, donde es atacado por las fuerzas al mando de Kutuzov, quien ha seguido a los invasores esperando el momento de atacarlos.

Y para no arriesgar más, decide el corso regresar pero el destino de muchos de los valientes soldados ya está escrito en el libro de la muerte: en dos meses que dura la retirada, "el mejor ejército del sufre la más cruel y malévola de las derrotas sin que se dispare un solo tiro. Entre el 25 y 29 de noviembre de 1812, las tropas cruzan el río Beresina y solamente alrededor de 10,000 soldados logran marchar con cierto orden, pasan por Vilna hacia Königsberg, pero sin poder evitar que 40,000 hombres se queden rezagados y dispersos.

Causan lástima hasta en sus enemigos, quienes exclaman al cielo y a los humanos: "Junto con hombres, caballos y carros, así es como Dios lo ha vencido". Alrededor de 400,000 soldados del Gran Ejército quedan en el campo de batalla ruso, 100,000 más son prisioneros, y una vez reunido el resto en Polonia, se sabe que de 27,000 italianos sólo han sobrevivido 223 y quienes menos bajas tienen, por razones conocidas, son prusianos y austríacos.

Entonces, el 5 de diciembre de 1812, Napoleón decide apresurar su llegada a Francia y dejar el mando del diezmado ejército a su cuñado Joachim Murat, para presentarse ante su pueblo y decir lo que ocurrió en tan desafortunada aventura rusa. Pero no quiere ser reconocido sino hasta llegar a su destino y se hace pasar como el Señor de Reyneval, secretario del duque de Vicenza. Sin embargo, su cuñado Murat, también hace lo mismo y abandona al ejército a su suerte para regresar pronto a Sicilia.

El 16 de diciembre del mismo año, el Moniteur publica la posibilidad de una derrota francesa pero destaca que "La salud de su Majestad está mejor que nunca". Y esto, tranquiliza a los franceses, sin embargo, de entre todos los que aclaman a Napoleón como si realmente hubiera ganado en Rusia, hay uno que está muy contento, aunque no por la razón anterior, sino porque sabe que esto "es el principio del fin", ¿su nombre? Charles-Maurice de Talleyrand-Perigord.

Y es que los temores de Napoleón por no estar en Francia son justificados, ya que el general Malet, de ideas republicanas y enemigo del imperio, decide la noche del 23 al 24 de octubre, anunciar la muerte del emperador, por lo que encarcela a los Ministros de Guerra y del Interior e instala un gobierno provisional en París.

Pero este primer intento de derrocar al emperador Bonaparte no resulta, pues Malet es desenmascarado, apresado y fusilado, y con él se acaba este frustrado golpe de estado, pero no con el movimiento, ya que un solo soldado pone a temblar al imperio y esto es muy grave, ya que nadie parece acordarse que existe un heredero legítimo al trono de Francia y que también está viva la emperatriz.

Estos son indicios claros de que el imperio ya no tiene base sólida de sustento. Después del fracaso en Rusia, el emperador Bonaparte tiene que rendir cuentas a príncipes, soberanos, reyes, aliados y hasta al pueblo mismo. Otro factor importante es que está cada vez más vivo el nacionalismo de los países conquistados, por ejemplo, Prusia está totalmente ligada a Alemania, tomando el lugar de Austria, por lo que el proscrito barón Karl Stein, ahora consejero del zar, trata de convencerlo de liberar a Europa del malvado Bonaparte, y dentro del país galo, son muchos quienes intentan cambiar de frente y librarse de Napoleón, quien, según ellos, sólo piensa en la guerra.

Parte de su rendición de cuentas a gobiernos aliados a Francia, Napoleón dirige una carta el 5 de enero de 1813 al rey de Dinamarca y Noruega, Federico VI en la que da su versión oficial de la guerra contra Rusia y que contienen el siguiente texto: *Una carta de mi Ministro, con fecha 22 de diciembre, me informa que Su Majestad nunca recibió mi respuesta a la carta que me escribió; la recibí en Moscú y la contesté dos días después. Mi Ministro me ha enviado algunos boletines rusos. Debo decir a Su Majestad que son enteramente falsos. Se considera que el enemigo fue derrotado y que nunca capturó una sola bandera ni un solo cañón. El 7 de noviembre, el frío se volvió muy severo y todos los caminos eran intransitables. Entre el 7 y el 16, perdimos 30,000 caballos. Parte de nuestro transporte de equipaje y artillería que se descompuso y tuvimos que abandonarla.*

Nuestros soldados, que no están acostumbrados a protegerse de un frío de esa magnitud, no pudieron soportar de 18 a 27 grados de congelación. Abandonaron sus filas para buscar abrigo du-

rante la noche y como no teníamos caballería para protegerlos, al paso del tiempo, muchos miles cayeron en manos de las tropas ligeras del enemigo. El General Sansón, que no era Jefe del Estado, sino Jefe del Departamento de topografía en el Cuartel general, fue capturado por los cosacos cuando se retiraba de una posición. Lo mismo les pasó a otros oficiales, pero cuando estaban aislados del ejército. Mis pérdidas son reales, pero el enemigo no puede acreditárselas. Mi Ejército ha sufrido mucho y aún está sufriendo, el desastre terminará cuando termine el frío.

He conseguido caballos de toda fuente, además de los que, gracias a Su Majestad, acaban de llegar de Holstein y Jutland. Marcharé en la primavera con un Ejército mayor al Gran Ejército cuando se inició la última campaña. Doy a Su Majestad estos detalles para protegerlo de los informes falsos que se están diseminando de manera tan artera.

Napoleón nunca admitirá que su fracaso más sonado hasta ahora se debió a las fuerzas rusas, sino simplemente, al clima extremo y a la naturaleza propia de las etapas rusas, a la que no están acostumbrados los soldados franceses.

Pero el enfrentamiento con Alejandro I de Rusia no ha terminado, se hacen algunas gestiones por la vía diplomática, pero en realidad no es nada serio, ya que Napoleón no busca negociar y cree que debe ser el emperador ruso quien lleve esta iniciativa, pues el francés no está dispuesto a ceder ni un solo metro del Gran Ducado de Varsovia.

Sin embargo, su suegro Francisco no lo apoya del todo, es más, por ahora está pensando más en los intereses de Austria en lo particular y en los de Europa en general que en los familiares y con estos antecedentes, al reunirse con los rusos en Zeyez, el 30 de enero de 1813, decide separarse de Francia, a pesar del parentesco, mismo que tampoco servirá para detener al hijastro de Napoleón, Eugenio Beauharnais para que retire sus tropas pasando el río Oder, en tanto que el cuñado, Joachim Murat está en su reino negociando acuerdos con ingleses y austríacos a espalda del emperador, así, los problemas se acumulan por todos lados, incluida la parte de la familia Bonaparte.

Para el 27 de febrero de 1813, Prusia se alía a Rusia y Austria hace lo propio al hacer suya la proclama de "¡Libertad e independencia de los pliegos europeos!"; otra ruptura familiar, ahora entre suegro y yerno.

Napoleón no está dispuesto a ceder ante nadie, por lo que desde que regresó de Rusia ha llevado a cabo enormes campañas de reclutamiento, forzoso o no, y nuevamente tiene un ejército de 630,000 soldados, la mayoría de ellos franceses, aunque de calidad militar inferior a los que poseía antes de su desastrosa campaña rusa. En total, acumula más de un millón de hombres.

Cuando nuevamente el gran ejército francés está en lucha, el hijastro Eugenio de Napoleón sufre la primera derrota en Möckern el 5 de abril, y el Emperador sale al encuentro siendo interceptado por prusianos y rusos y derrotados en Lutzen y Bautzen los días 1, 2 y 19 de mayo, causando crisis entre gobernantes y militares amigos de Francia.

El grave problema es que Napoleón no conoce la frustración y se conforma con haberle ganado al otro ejército. Se siente ofuscado porque uno de sus mejores soldados y amigo íntimo, el Almirante Duroc fue herido y falleció posteriormente, incluso, este hecho logra arrancar varias lágrimas al militar corso pero la cuestión empeora cuando se dan cuenta de que, aunque el enemigo se retira, lo hace peleando y vendiendo cara la derrota.

Por eso llega a un armisticio que beneficia más a los otros que a los franceses, los papeles se han invertido, ahora los enemigos de Napoleón pueden rearmarse y reorganizarse, y éste es otro error que se acumula a la larga serie que empiezan a marcar las señales de alerta, aunque tal parece que el Emperador corso no las ha detectado.

Y hasta en el plano diplomático Napoleón Bonaparte pierde pese a sus grandes oficios en ese sentido, ya que el príncipe Klemens Metternich logra que aparezca como su aliada la misma Austria. Hay amenazas de guerra por las dos partes, pero más del lado de Napoleón que no alcanza a comprender que Europa quiere una paz duradera. El Emperador Francisco y el resto de negociantes, exigen el restablecimiento y equilibrio de fuerzas en el viejo continente, es decir, la parte correspondiente al río Rin, los Alpes y los Pirineos, conservando Savoy, Niza y Bélgica, a lo que se opone terminantemente el soberano francés, pero les hace creer que está dispuesto a negociar.

Se llevan a cabo otras negociaciones pero la palabra fracaso es la permanente en ellas, hasta que el 8 de agosto de 1813, Metternich entrega las condiciones de la paz que, desde luego, no son aceptadas y sucede lo que tanto teme Napoleón, el 12 del mismo mes Austria declara la guerra a Francia.

Ahora los aliados sí lo son en todos los aspectos en unión, en lo militar y en el espíritu de lucha por la libertad con un ejército convencido, completo y entrenado, por lo que, si es necesario combatir al maestro de la estrategia militar, lo harán con sus alumnos más avanzados y valerosos.

A cada intento por concertar la paz, la respuesta de Napoleón es la misma: "No haré la paz porque soy el vencedor", sin embargo, sí se toma en cuenta un armisticio que, simplemente, es para ganar tiempo, ya que éste tiene un periodo corto de validez, del 4 de junio al 20 de julio de 1813.

Así, durante dos meses, el Emperador corso libra pequeñas batallas continuando con la ocupación de Sajonia y Brandeburgo aun cuando no puede desplazarse libremente; además, sus generales y mariscales no tienen la misma capacidad de los que fallecieron luchando en batallas anteriores, y estratégicamente hablando no son capaces de derrotar a nadie.

Tan es así, que en octubre es obligado por la estrategia de sus enemigos a librar la famosa Batalla de los Tres Días, por lo que el 19 de agosto, las campanas de los templos de

Leipzig anuncian, ¡por fin!, la liberación de Alemania. Ahora, son los aliados los que no desean la paz, quieren reducir a Francia a sus fronteras naturales y, sobre todo, liberar a las colonias conquistadas. El causante de estas propuestas es, nuevamente, el Príncipe barón de Metternich.

Sin embargo, el Emperador Bonaparte no pierde la fe aunque sí la guerra, ya que ésta se desplaza por primera vez en más de una década, al suelo francés; además, pierde también a Holanda y a su cuñado, quien se une a los aliados confiando en la promesa de que sus dominios se extenderán.

Las negociaciones se prolongan varios meses, a lo largo de los cuales, por la necedad del Emperador no se llega a nada y ahora, la estrategia es voltear a los franceses contra su Emperador.

Adiós emperador

Napoleón se niega terminantemente a aceptar cualquier posibilidad de paz en Europa, provocando con ello unificar en su contra a países gobernados por príncipes y reyes, y también a algunos de menor importancia militar y estratégica; Rusia, Prusia, Austria, Inglaterra y algunos reinos más se unen contra el Emperador. Arthur Colley Wellesley, mejor conocido como Duque de Wellington, militar y político inglés también llamado también *Iron Duke* (Duque de acero), ha estado venciendo a los franceses en suelo español en Talavera, Torres Vedras, Arapiles, San Marcial y Vitoria, por lo que ha sido nombrado Generalísimo de las Fuerzas Armadas de España, y ha expulsado a los galos de esta península sin que Napoleón pueda hacer nada al respecto.

La situación empeora cuando los aliados no prestan atención a las propuestas que hace el Emperador Bonaparte para la paz durante la Batalla de Leipzig del 17 de octubre, por lo que para el 9 de noviembre, en Frankfort, por sugerencia del Príncipe Matternick, ofrecen a Francia, nuevamente, mantener sus límites naturales. Esto no gusta al francés y deja pasar algún tiempo, y cuando responde, los aliados ya han cambiado de opinión y se preparan para enfrentar al ejército francés a las afueras de París. Las fuerzas opositoras a Napoleón cruzan el río Rin el 1 de diciembre de 1813 para llegar al lugar de la batalla el 24 de enero de 1814.

Está claro que los aliados no están dispuestos a más negociaciones, pero cambian de opinión cuando el General Caulaincourt, Duque de Vicenza, agente plenipotenciario del Emperador Bonaparte, recibe una carta del Emperador francés, escrita el 2 de febrero de 1814, en la que le expresa su preocupación por la situación que vive el pueblo francés y le pide "crear una imagen vigorosa de los excesos del enemigo".

Con estos antecedentes, Caulaincourt recibe a los representantes de los aliados con quienes se queja amargamente porque no han convocado a una Conferencia de paz para poner en marcha las intenciones expresadas en Frankfort por lo que se acuerda que las negociaciones den inicio en Châtillon, el 7 de febrero de 1814, sólo que ahora los que ponen las condiciones son los aliados y no el Emperador. En este acuerdo sobresale la disposición de que Francia debe renunciar a Bélgica, Savoy y Niza, y retirarse del río Rin hasta llegar a las fronteras que tenían en 1791, y para presionarlo más, los aliados continúan su marcha sobre el país galo.

Napoleón lucha con todo su esfuerzo e inteligencia, que es mucha, para impedir mayores avances de los aliados sobre Francia, pero todo es inútil, y como un último esfuerzo decide que es tiempo de aceptar las condiciones del Congreso de paz de Châtillon; sin embargo, ya no está en condiciones de negociar nada y es rechazada su oferta, por lo que el 31 de marzo de 1814 las tropas de los aliados llegan al corazón de Francia, hasta París, para proclamar su gran triunfo.

Entonces, entra en acción el Senado, esa Cámara de legisladores que siempre estuvo atenta a todo lo que Bonaparte les ordenara y que ahora da la espalda a su Emperador, y en una reunión legislativa, proclaman la destitución de Napoleón como su Emperador, siendo reemplazado por un gobierno provisional; incluso, sus mariscales y generales lo abandonan y Charles-Maurice de Talleyrand Perigord sonríe satisfecho junto al zar Alejandro, quien está alojado en París en la residencia del Ministro de Asuntos Externos, y entre ellos ya preparan el regreso de la dinastía de los Borbones al trono de Francia.

Por medio de un tratado que concluye en Fontainebleau el 11 de abril, se obliga a Napoleón a renunciar al trono de Francia, incluyendo a su hijo, quien no tendrá ningún derecho a reclamar el reinado en ningún momento. Además, como pago a sus muchos méritos como militar, se le otorga la isla de Elba, en el Mediterráneo italiano, como un Principado soberano. Parte para la isla el 20 de abril y llega a ella el 3 de mayo de 1814.

Como sucede con mucha frecuencia, el que fuera máximo líder de los franceses y de muchas naciones europeas, se tambalea, se siente solo, de hecho lo está porque es obligado a separarse de su esposa e hijo y las humillaciones son parte de todos los días. Por eso, durante la noche del 13 de abril de 1814, trata de suicidarse ingiriendo un fuerte veneno, pero no es este un final digno para un ser especial como Napoleón y en esta ocasión es salvado de la muerte.

El Imperio creado por Napoleón Bonaparte se ha esfumado, fueron muchos años para construirlo y pocos días para derrumbarlo sin posibilidades de regresar a él, ¿o si?

Conquistador hasta la muerte

Durante casi un año, parece que Napoleón se ha resignado a su suerte y a estar lejos del campo de batalla, pero la idea de regresar se le ha hecho una obsesión y poco a poco va creando, armando y entrenando un ejército que llega ya a 1,200 elementos

Es tal su capacidad de organización, que lo que logró en Francia y Europa, lo hace en este pequeñísimo reino mientras espera el momento oportuno para regresar a Francia, donde sus verdaderos amigos y aliados lo esperan impacientemente. Con todo el sigilo del mundo, el corso toma la decisión de hacerse a la mar el 26 de febrero de 1815, al mando de 1,200 hombres. El 1 de marzo desembarca en Cannes para iniciar su marcha sobre París, la llamada, "La Cabalgata de los Cien Días".

Por supuesto que esta acción asusta enormemente al Rey Luis XVIII, quien envía a todos los soldados de los que dispone, y que terminan por unirse al General Bonaparte; no hay ningún enfrentamiento, los militares aman a su General. Al enterarse de estas acciones, el rey Borbón abandona precipitadamente su trono y huye a toda velocidad, así, el 20 de marzo de 1815, Napoleón entra en el palacio de las Tullerías al grito de ¡Paz y Libertad!

Otra vez Napoleón está en el trono, ahora sin haber tenido la necesidad de disparar un solo tiro, sin derramamiento de una gota de sangre. Proclama un gobierno liberal, pero sabe que no será sencillo, los demás países del viejo continente lo ven como un proscrito que ha escapado de su prisión y se apresuran a hacerle frente, por lo que la sombra de la guerra se enseñorea nuevamente sobre Europa.

El glorioso recibimiento que le otorgan a Napoleón las fuerzas armadas francesas, le impide que vea que sólo ellos ven con buenos ojos su regreso. Ni los antiguos aliados ni el pueblo lo desea, a pesar de que los Borbones han gobernado como si no hubiera existido alguna revolución.

El 4 de abril de 1815, Napoleón intenta nuevamente llegar a la paz, por lo que dirige una carta a todos los soberanos de Europa, exponiéndoles sus intenciones de abandonar los combates, iniciar una cruzada por el bienestar de la humanidad y respetar la independencia de los pueblos.

Pero el nuevo monarca francés ya no tiene fuerza ni influencia en otras naciones europeas, por lo tanto, le queda únicamente el camino que mejor conoce y ha recorrido durante toda su vida: el campo de batalla y la lucha cuerpo a cuerpo.

Waterloo, la última batalla

Napoleón se prepara para una batalla que puede regresarle su pasado glorioso y volver a tener a Europa a su disposición, pero también los aliados hacen lo mismo, y aunque parece que el General corso tiene un buen principio, no lo es tanto, ya que logra derrotar a Gebhard Blücher en Ligny y ordena al General Grounchy que persiga a los prusianos en su retirada mientras el se prepara y marcha para atacar a los ingleses.

El punto crucial de la batalla entre estos poderosos ejércitos es un pequeño pueblo situado a 20 kilómetros al sur de Bruselas, sobre el camino de Gennape. Allí se reúnen el inglés de 46 años, el duque de Wellington al mando de las fuerzas anglo-holandesas y el mismo Blücher, de 73, al mando de los soldados prusianos.

Concentran sus fuerzas al sur de Mont-Saint-Jean, cerrando el acceso a la ciudad de Bruselas, pero el sábado 17 de junio 1815 cae una pavorosa tormenta sobre estos poblados que obliga a Napoleón a cambiar su primera

"El coraje no se puede disimular, es una virtud que escapa a la hipocresía" Napoleón Bonaparte.

164

estrategia de ataque, ya que, al día siguiente, el 18 del mismo mes, el francés retrasa su primer ataque hasta llegado el mediodía.

Al fallar el primer asalto de la infantería francesa contra el "Duque de Hierro", el corso lanza a 10,000 jinetes al mando de Ney para atacar y posesionarse de Mont-Saint-Jean, pero después de tres horas de intensa lucha, no logra su objetivo y tiene que retirarse.

Así sucede a cada nueva embestida del ejército galo hasta que a las 19:00 horas de ese día, Napoleón es informado que ya no es un peligro el ejército prusiano. Reúne a sus fuerzas armadas e intenta un ataque masivo a gran escala con su guardia; sin embargo, la excelente puntería y rapidez de los ingleses es factor vital para no sólo detener a los franceses, sino para acabar con dos terceras partes de su ejército.

Y lo que empeora la situación de los galos es la llegada del mismo General Blücher con el segundo grupo de soldados prusianos, contrastando con el retraso del General francés Grounchy. La pelea se torna cada vez más difícil para los soldados franceses, y hasta que caen los últimos soldados de la guardia es cuando Napoleón tiene que admitir que su estrategia de atacar a los dos ejércitos por separado no dividió a su enemigo, sino a sí mismo, y éste es el factor clave para la derrota de su tropa.

Ingleses, holandeses, prusianos y alemanes festejan el triunfo de los aliados y estos deciden llamar a la batalla de Waterloo como *La Bella Alianza,* en tanto que el General Bonaparte tiene que retirarse con los pocos miembros de su ejército que aún están vivos, en una marcha por demás penosa y vergonzosa. Esta vez, el luchar con un enemigo que tenía el doble de soldados que los franceses, fue otro factor para caer derrotados lastimosamente, aunque cabe darle el crédito y el honor de haber impedido una nueva invasión a Francia.

El 19 de junio escribe a su hermano José para darle instrucciones de conseguir el apoyo de la Cámara de senadores, aún piensa en reunir un ejército de 300,000 soldados, pero esto ya es sólo un pensamiento reflejo, lejos de la realidad. El 21 de junio de 1815 arriba a París, y el 28, abdica nuevamente y en forma definitiva al trono de Francia, tras un "Imperio de Cien Días".

Napoleón se encuentra solo, unos cuantos militares lo acompañan, teme atentados en su contra, ya sea por parte de los Borbones, sus enemigos de fuera y los de dentro, y tras pensarlo detenidamente, decide solicitar el cobijo de sus adversarios más grandes, los más acérrimos, contra los que ha luchado toda su vida, ¡los ingleses!

Para este efecto, escribe una de sus últimas cartas dirigida al Príncipe Regente de Inglaterra, el 4 de julio de 1815, ¿coincidencia con el aniversario de la independencia de Estados Unidos?... No. Lo que él quiere es ser enviado en un buque británico a América a vivir en paz y tranquilidad los años que le quedan de vida, pero una vez más, el destino se encargará de cambiarle el rumbo.

Su Real Majestad: víctima de las facciones que dividen mi país y a causa de la hostilidad de los poderes europeos, he terminado mi carrera política y como Temístocles, he solicitado un lugar al abrigo del pueblo británico. Me pongo bajo la protección de la ley británica –una protección que solicito a su Real Majestad– por ser el más fuerte, el más obstinado y el más generoso de mis enemigos.

Los ingleses no desaprovechan la oportunidad y la Marina Real arresta al exemperador y lo envía en un buque de guerra, pero no a Estados Unidos, como desea el General francés, sino a la Isla de Santa Elena, un remanente de un volcán extinguido, situada en la costa Oeste de África, con una superficie de 122 kilómetros cuadrados y que es el centro de abastecimiento de agua de los barcos británicos que navegan entre Europa y la India. Ahí, 4 mil civiles y 3 mil soldados se encargarán de que el corso no escape de su prisión.

En Santa Elena pasa los últimos seis años de su vida hasta el sábado 5 de mayo de 1821. La muerte oficial del Gran Emperador, militar y dirigente, Napoleón Bonaparte, es por la misma causa que la de su padre, cáncer. En los últimos años, concretamente en 1994, los investigadores René Maury y el toxicólogo sueco Sven Forshufvud, al estudiar los cabellos de Napoleón, conservados en el Museo de Historia de Lausana, Suiza, encuentran un alto contenido de una sustancia letal para todo ser vivo: arsénico.

Se sospecha que la muerte le es provocada, no por su carcelero más fiero, el General inglés Hudson Lowe, sino por uno de sus más "fieles" seguidores y servidores, el Conde Charles Tristán de Montholon, miembro de la aristocracia que nace después del movimiento revolucionario de 1789.

El conde de Montholon vive en la isla de Santa Elena con sus dos hijos y esposa, una mujer joven, muy hermosa; y aún más ardiente en las lides del amor algunos estudiosos de la vida del General Bonaparte, tienen la certeza de que es el conde quien da a beber a Napoleón, en pequeñas dosis, el arsénico aparecido en los estudios de alta tecnología mencionados líneas arriba, sobre todo, porque el conde es el encargado de cuidar la bodega de vinos y nadie puede acceder a ella sin su permiso.

¿Por qué pensar que el aristócrata tiene motivos para matar al Emperador? Porque se cree que tuvo amores muy tormentosos con la condesa de Montholon, incluso, la hija que ella tiene en la isla es bautizada con el nombre de Napoleone, y al ser descubierto este engaño, el celoso y engañado conde se encarga de ayudar a "bien morir" al general.

Pero todavía le falta sufrir una humillación más. Al cuerpo del fallecido exemperador francés le hace la autopsia el doctor Francesco Antommarchi junto con otros siete médicos ingleses. El doctor Antommarchi tiene la osadía de cortar el pene de Napoleón y conservarlo como un trofeo de guerra, pero no hay que pensar mal de este galeno ni acusarlo de fetichista u homosexual, lo que ocurre es que el General Bonaparte, en alguna ocasión ofendió a Francesco diciéndole que no era suficientemente hombre como para enfrentarlo y es así como el doctor se cobra la afrenta de años atrás.

Sus restos son trasladados a París 19 años después, en 1840, a petición del Rey Luis Felipe I de Orleans, y son enterrados con grandes honores, en medio de un impresionante cortejo fúnebre, en un gran Mausoleo en la Plaza de los Inválidos, en París, donde permanecen actualmente, como un último homenaje a quien amó tanto a Francia, primero y a Europa después.

Siendo un hombre de pensamiento claro, rápido y preciso, estando en la isla de Santa Elena, dicta sus memorias al historiador Emmanuel de las Cases, mismas que serán publicadas en 1823 con el título de *Memorial de Santa Elena*.

Con la muerte de Napoleón Bonaparte, muere también una parte de las guerras europeas, pero vive su legado en las Constituciones, leyes, creaciones como los tres poderes: Ejecutivo, Legislativo y Judicial, coordinados por dos Cámaras: de Diputados y Senadores, y en fin, son tantas sus aportaciones que nada más para ello, se tiene que hacer un libro aparte.

Éste es Napoleón y ésta... es su historia.

5

Breve glosario

Calendario revolucionario o republicano

Es el que aprueba la Convención francesa el 5 de octubre de 1793, y subsiste hasta 1805. Comienza el año en el equinoccio de otoño, en septiembre y toma en cuenta la actividad o clima más importante de cada tiempo. Se divide en doce meses que reciben los siguientes nombres:

1. Vendimiario. De las vendimias, de las primeras cosechas de la vid o uva.
2. Brumario. De las brumas.
3. Frimario. De las escarchas.
4. Nivoso. De las nieves.
5. Pluvioso. De las lluvias.
6. Ventoso. De los vientos.
7. Germinal. De las semillas.
8. Floreal. De las flores.
9. Pradial. De los prados.
10. Mesidor. De la recolección.
11. Termidor. Del calor.
12. Fructidor. De los frutos.

Todos son de treinta días y los cinco restantes para completar el año, llamados *Epagómenos* o *Sansculótidos*, se dedican a fiestas.

COMITÉ DE SALUD y/o SALVACIÓN PÚBLICA. Es elegido por la Convención francesa de 1793, con poderes ilimitados, ante la grave situación provocada por la guerra que amenaza las fronteras.

CONCORDATO. Acuerdo o convenio entre un Estado y el Vaticano.

CONSULADO. Sistema de gobierno instaurado en Francia por Napoleón después del golpe de Estado del 18 Brumario (9 de noviembre de 1799). Inicialmente el Consulado es tripartito hasta que el Emperador Bonaparte acapara los poderes de los tres y desaparece cuando se proclama Emperador en 1804.

CONVENCIÓN NACIONAL. Célebre Asamblea constituyente francesa sucesora de la legislatura, convocada en 1792 y cuyo primer acto es la abolición de la monarquía. Gobierna en Francia hasta octubre de 1795, condena a muerte al Rey Luis XVI y hace frente a las potencias europeas coaligadas; es disuelta cuando se aprueba la Constitución de 1795.

DIRECTORIO. Nombre del gobierno que sucede a la convención Nacional Francesa. Rige desde el 5 Brumario del año IV (27 de octubre de 1795) hasta el 18 Brumario del año VIII (9 de noviembre de 1799). Compuesto por cinco miembros elegidos por el Consejo de los Ancianos y el de los Quinientos y es sustituido por el Consulado, que establece Napoleón después del golpe de Estado del 18 Brumario.

GIRONDINOS. Miembros de un partido político de la Revolución Francesa durante el periodo de la Asamblea Legislativa y de la Convención. Son de tendencia moderada y defienden la República de carácter ilustrado. Durante un corto periodo forman un gobierno con Dumouriez, pero al final son perseguidos por los jacobinos.

JACOBINOS. Miembros del partido más radical de Francia en tiempo de la revolución, llamado así por celebrar sus reuniones en un convento dominicano llamado comúnmente de Jacobinos.

PLEBISCITO. Tiene varias acepciones: Ley que la plebe de Roma establece a propuesta de su tribuno / Resolución tomada por todo un pueblo a pluralidad de votos / Consulta al voto popular directo para que apruebe o desapruebe una determinación de trascendencia política. \

PRUSIA. Antiguo estado del norte de Alemania. Originalmente se extendió por la llanura del Báltico, pero acabó por comprender territorios, algunos de ellos aislados del núcleo central, en toda Alemania y su capital era Berlín.

REPUBLICANO. Relativo a la República como forma de gobierno / Se dice del ciudadano de una República / Partidario de este género de gobierno.

6

Textos de consulta

Diccionario Enciclopédico Vox, Lexis 22. Edita Círculo de Lectores, S. A. España, 1976.

Göhring, Martin. Genios y Líderes de la Historia: Napoleón. Ediciones Moretón, S. A. España, 1980. Edición Especial Promociones Editoriales Mexicanas, S. A. de C. V. México

Gómez Pérez, Marco Antonio y Delgado Solís, José Arturo. Ritos y Mitos de la Muerte en México y Otras Culturas. Grupo Editorial Tomo, S. A. de C. V. México, 2000.

Gómez Pérez, Marco Antonio, Domínguez, Francisco, Guzmán Rojas, Carlos A. y Díaz Vargas Yohanan. Las Profecías del ¿Juicio final?. Grupo Editorial Tomo, S. A. de C. V. México, 1999.

Marden, O. S. Actitud Victoriosa. Grupo Editorial Tomo, S. A. de C. V. México, 2001.

Marden, O. S. La Obra Maestra de la Vida. Editorial Tomo, S. A. de C. V. México, 2001.

Marden, O. S. Paz, Poder y Abundancia. Grupo Editorial Tomo, S. A. de C. V. México, 2001.

Los Grandes de Todos los Tiempos. Napoleón, su Vida y su Época. Volumen I. Editorial Cultural y Educativa, S. A. de C. V. México, 1967.

Thompson, J. M. Cartas de Napoleón. Grupo Editorial Tomo. S. A. de C. V. México, 2000.

TÍTULOS DE ESTA COLECCIÓN

Este libro se terminó de imprimir en el mes de
Diciembre de 2003, en Litográfica Ingramex, S.A.
de C.V., Centeno 162, local 1, Col. Granjas
Esmeralda, 09810 México, D.F.

Certificado No. 02-2082